PASSO A PASSO...

RITHÉE CEVASCO

com a colaboração de Jorge Chapuis

PASSO A PASSO...

rumo a uma clínica borromeana

VOLUME 3 de 3

Paso a paso... hacia una clínica borromea
Volumen 3 de 3

Editora: Fernanda Zacharewicz
Conselho editorial: Andréa Brunetto — Escola de Psicanálise dos Fóruns do Campo Lacaniano
Beatriz Santos — Université Paris Diderot — Paris 7
Jean-Michel Vives
Lia Carneiro Silveira — Universidade Estadual do Ceará
Luis Izcovich — École de Psychanalyse des Forums du Champ Lacanien
Tradução: Paulo Sérgio de Souza Jr.
Revisão: Fernanda Zacharewicz
Capa: Dante Bertini e Jorge Chapuis
Adaptação da capa para a edição brasileira: Wellinton Lenzi
Diagramação: Antonieta Canelas

Dados Internacionais de Catalogação na Publicação (CIP)
Ficha catalográfica elaborada por Angélica Ilacqua CRB-8/7057

C372p

Cevasco, Rithée
Passo a passo: rumo a uma clínica borromeana: volume 3 de 3 / Rithée Cevasco ; colaboração de Jorge Chapuis. — São Paulo: Aller, 2025.
176 p.

Bibliografia
ISBN 978-65-87399-77-5
Título original: *Paso a paso... hacia una clínica borromea. Volumen 1 de 3*

1. Psicanálise I. Título II. Chapuis, Jorge

25-2361 CDD 150.195
CDU 159.964.2

Índice para catálogo sistemático
1. Psicanálise

Rua Havaí, 499 – Perdizes
05011-001 São Paulo S.P.
Tel: (11) 93015.0106
contato@allereditora.com.br
www.allereditora.com.br
Instagram: @allereditora

Sumário

Introdução 7

13 | Retomando (a)o toro 11

14 | Sintoma, *sinthoma* 31

15 | *Sinthoma*, inconsciente, real 57

16 | Transformações: corte e interpretação 77

17 | A interpretação, enfoque nodal 97

18 | O nó borromeano generalizado 131

Cronologia indicada 157

Referências bibliográficas (*Passo a passo, vols. 1, 2* e *3*) 167

Introdução

Este Volume 3 de *Passo a passo... rumo a uma clínica borromeana* recompila as 6 lições do terceiro e último ciclo do seminário ministrado por Rithée Cevasco com a colaboração de Jorge Chapuis no Fòrum Psicoanalitic Barcelona durante o primeiro semestre de 2019.

Persistimos, assim, em acompanhar Jacques Lacan em sua investigação para "ir além de...", com o propósito de pôr à prova se a topologia das superfícies e dos nós realmente consegue — entre outras coisas — sair do campo da metáfora para abordar o real (fora de sentido).

Este seminário, como apresentado no início (ver *Passo a passo... rumo a uma clínica borromeana*, vol. 1), organizou-se em 3 partes:

1. Abordagem da pré-história do nó e a entrada no Nó borromeano com 3 cordas RSI (NBo3). Esboços preliminares sobre o nó com 4 cordas (NBo4). Isso se encontra publicado em *Passo a passo, vol. 1.*

2. Na segunda parte foram abordados os nós do amor, de *Les non-dupes errent* (seminário 21), e desdobrados os pontos que consideramos fundamentais do seminário 23, *O sinthoma*, seguindo a pista do "caso" Joyce. Isso se encontra publicado em *Passo a passo, vol. 2.*

3. Esta terceira parte seguirá os passos que foram considerados fundamentais dos três últimos seminários de J. Lacan:

— seminário 24, *L'insu que sait de l'une-bévue s'aile a mourre* (1976-1977), publicado parcialmente em *Ornicar?*. Existe uma publicação em castelhano feita no México (referenciada por F. Schejtman) que se apresenta com o título *El fracaso del Un-desliz es el amor* [O fracasso do Um-deslize é o amor].

— seminário 25, *Le moment de conclure* (1977-1978), *Momento de concluir*.

— seminário 26, *La topologie et le temps* (1978-1979), *A topologia e o tempo*.

Em francês, contamos basicamente com duas fontes: as versões ALI/AFI e as versões de P. Valas (que priorizamos para o S24). Dispomos de outras versões em castelhano, mas é aquele problema de sempre: é preciso cotejar com as versões originais em francês. Segue-se esperando as "versões oficiais", já anunciadas por J.-A. Miller, mas ainda não foram publicadas. Os dados bibliográficos podem ser consultados nas "Referências bibliográficas" (p. 167).

Completamos a "Cronologia" (p.157) do primeiro e do segundo volumes acrescentando as datas indicadas neste terceiro volume.

Seguimos encontrando as nossas principais referências bibliográficas em dois autores que nos inspiraram no decorrer das nossas 18 lições: Michel Bousseyroux e Fabián Schejtman — que nem sempre citamos explicitamente, mas a quem devemos esta nossa leitura. No caminho nos deparamos com outros autores.

Para aliviar a leitura, utilizamos abreviações seguidas do número de página para as principais referências:

– J. Lacan: *Escritos (E)*, *Outros escritos (OE)*, *O seminário de J. Lacan* (S21, S22 etc.)

– M. Bousseyroux: *Au risque de la topologie et de la poésie* [Correndo o risco da topologia e da poesia] (MB.*ARi*), *Lacan el borromeo* [Lacan, o Borromeano] (MB.*Bo*), *Pensar el psicoanálisis con Lacan* [Pensar a psicanálise com Lacan] (MB.*Pen*).

– F. Schejtman: *Sinthome, ensayos de clínica borromea* [Sinthoma, ensaios de clínica borromeana] (FS.*Sth*).

Também recorremos *a posteriori* a dar títulos aos temas tratados — sem nos preocuparmos com as suas repetições — para facilitar os conteúdos apresentados. Eles aparecem no índice de conteúdo deste *Passo a passo, vol. 3.*

Com este terceiro ciclo do nosso *Passo a passo*, darei por concluído o que considero ter sido uma tentativa de *apropriação* da linguagem e das operações da topologia nodal, de um modo mínimo, não exaustivo e com erros, ou possíveis baralhamentos... inevitáveis porque os nós... são feitos para que nos enredemos neles... com eles... como quando uma criança aprende a amarrar os cadarços!

Mas prosseguimos por outra via, digamos, "prática".

Com efeito, em nossa meta de investigação, de exploração desse último ensino de J. Lacan — e com o objetivo de "pôr à prova", por assim dizer, a perspectiva nodal —, inauguramos um trabalho organizado em "ateliê" para abordar, na prática, o exame e a construção de uma eventual clínica nodal.

Esse ateliê já funcionou, no decorrer de 2019/2020, como trabalho coletivo (com mais de 40 pessoas de diversas procedências). Funcionou presencialmente (para quem reside em Barcelona) e *online* (pelo Zoom) para quem reside fora de Barcelona, na Espanha, na Argentina, no Brasil...

Os encontros presenciais foram interrompidos pela pandemia, mas voltarão a acontecer, quando for possível, nas dependências do Fórum Psicanalítico de Barcelona da EPFCL-Espanha.

Nesse ateliê de trabalho coletivo, os participantes apresentam casos clínicos e/ou reflexões teóricas a fim de contribuir para pôr à prova uma eventual *clínica nodal*. Durante o período 2019-2020 apresentaram seus trabalhos: Pedro Pablo Arévalo, Dolors Camós, Laura Frucella, Ana Martínez, Gladys Mattalía, Josep Monseny, Patricia Montozzi e Matilde Pelegrí. Para o calendário 2020-2021, estão previstas intervenções de: Sandra Berta, Verónica Bogao, Roser Casalprim, Marcelo Edwards, Josep Monseny, Patricia Montozzi, Glaucia

Nagem, Laura Salinas, Matilde Pelegrí e dois debates organizados por R. Cevasco e J. Chapuis.

Rithée Cevasco, *dezembro de 2020*

13 | Retornando (a)o toro

Janeiro de 2019

O último ensino de Lacan
Alcançar um real fora de sentido?
Necessidade da consistência imaginária. Os redondéis de corda como toros
L'insu que sait de l'une-bévue s'aile à mourre (S24)
Quando uma orientação predominantemente orientada pelo simbólico domina
O termo "sinthoma" nos últimos seminários
Uso da reversão no S24
Identificações no S24
Reversão em um toro – Trique
Reversão em dois toros enlaçados e de um dentro do outro
Reversão da cadeia borromeana de 3

O último ensino de Lacan

Este terceiro ciclo concluirá a abordagem do Nó Borromeano Generalizado (NBoG): suporte para poder tentar sair do campo da metáfora. Era este o objetivo de Lacan: encontrar um suporte para o real fora de toda e qualquer metáfora, fora de todo e qualquer sentido... fora de todo e qualquer semblante. O que nos confronta com a tensão, para não dizer o paradoxo, de nos orientarmos por um real fora de qualquer sentido para situar uma prática, a prática analítica, como "prática de sentido" — como (ainda?) afirma Lacan em "O aturdito".

Essa tensão leva Lacan a se perguntar se a psicanálise não seria uma *escroquerie* (fraude), como enuncia em Bruxelas em **26 de fevereiro de 1977**. E alguns dias mais tarde, em Paris, ele retoma a questão com termos mas suaves, perguntando-se se a nossa prática analítica "não seria *du chiqué*" (como traduzir em castelhano? Fantasiamento, fanfarronice...), algo que remete mais à ordem do semblante (ver p. 36).

J.-A. Miller, em seu seminário de 2006-2007, publicado em castelhano pela Paidós com o título *El ultimísimo Lacan* [O ultimíssimo Lacan], considera que esse período do ensino de Lacan tem um "poder destrutivo em relação à psicanálise... [seria algo como] uma espécie de autodestruição".

Esse ir ao extremo do "sem sentido" supõe a queda dos semblantes... orientar-se em direção a um real excluído de todo e qualquer sentido, de todo e qualquer semblante...

Assistimos, assim, a uma espécie de desconstrução dos próprios semblantes da psicanálise, que poderia correr o risco de fazer desaparecer ao menos o *encanto* que implica e que forjou o seu apelo na história...

Estamos então, sem dúvida, diante de um risco; recordamos, porém, as palavras de Lacan: "a psicanálise implica um risco absoluto".

J.-A. Miller confessa inclusive o seu estado de ânimo; ele diz estar "perplexo" ao "se encontrar num labirinto que tem muitas entradas".

É nesse labirinto em que se respira uma "atmosfera rarefeita" — como diz J.-A. Miller —, uma "espécie de extremo" — digamos, de extremismo... — que não hesitamos em nos arriscar com os nossos passos seguintes.

De fato, penso que, ao apostar no ensino de Lacan até o seu ponto final, vale a pena passar por essa desconstrução dos semblantes da psicanálise; sem mirar, é claro, no seu desaparecimento, mas para explorar uma eventual nova operatividade da sua prática.

Assim, Lacan abre novas vias "práticas" para o exercício da psicanálise quando, por exemplo, propõe um tipo de interpretação que possa saltar o obstáculo entre o sentido e o real, já que, com efeito, esse é o obstáculo com o qual nos deparamos. O que poderia ser uma interpretação que pudesse ao menos alcançar um "pouco" de real? Nem palavra plena nem palavra vazia. Veremos o tratamento topológico que Lacan dá à poesia chinesa inspirado por F. Cheng (já mencionado em nosso *Passo a passo, vol. 2*, p. 44), quando ele fala do "*tour de force* do poeta", da façanha do poeta; de um determinado tipo de poesia, é claro, não de toda poesia. Trata-se da que produz uma espécie de esvaziamento de metade de sentido de todo significante, de toda palavra que é, ela própria, forçosamente equívoca. Não se trata, pois, apenas de dar relevo ao uso do equívoco na interpretação, mas de fazer "ressoar" isso que é vazio de todo e qualquer sentido... — ponto tratado adiante (ver p. 120). Por fim, no entanto, ele irá deixar a palavra e a poesia do lado do analisante, para deixar do lado do analista um dizer (dizer vinculado a um enodar: *dire, c'est nouer*). Veremos, pois, mais adiante, essa distinção entre a palavra que fura e o dizer como corte que enoda.

Nada dessa orientação rumo ao real nos convida a praticar uma espécie de mistagogia do real. Dele só poderemos experimentar uma espécie de encontro epifânico, como diria C. Soler; ou então, nas palavras de J.-A. Miller: só ver "cintilar" esse fora de sentido do real, porque ele "se eclipsa em seguida".

Esta primeira intervenção deste último ciclo foi apresentada com a figura de uma operação que está no centro das primeiras sessões do seminário 24. Trata-se da operação de reversão (*retournement*) do toro, que já havíamos mencionado, apenas de passagem, em nosso *Passo a passo, vol. 2*, p. 181 e 182.

O ponto final nos levará ao nó borromeano generalizado, cujo objetivo seria — isso precisaria ser verificado — extrair o método dos nós do campo da metáfora.

Figura 13.1: Reversão simples de um toro (FS.*Sth.*213 colorida) e nó borromeano generalizado (NBoG).

Conseguir que o nó *fosse real* — digamos, realmente real —... nem que ele fosse apenas "um pouco" de real, uma fiapo, um fragmento.

Alcançar um real fora do sentido?

Ter que nomear R, S e I para distingui-los — visto que os redondéis de corda aos quais essas dimensões se referem enquanto nós triviais (simples redondéis não encadeados) são equivalentes entre si — requer introduzir ao menos um efeito de sentido mínimo ao nomeá-los para diferenciá-los... e, por conseguinte, não sair completamente do campo de um mínimo recurso ao sentido. Assim afirma o próprio Lacan, como veremos (cf. sua autocrítica ao final, p. 132).

Será que com o recurso ao nó borromeano generalizado (NBoG) será possível, de maneira operativa, extrair um real de todo e qualquer sentido? Porque essa é a aposta de Lacan: "A estrutura é o propriamente real...", e isso não implica metáfora alguma.

Até que ponto uma psicanálise permite que nos extraiamos dos semblantes? Como acessar algo desse real que, por definição, é o "excluído de todo sentido" e abordar, então, o real do nó? Ora, passando pela escrita do nó — borromeano ou não —, visto que, para Lacan, o próprio nó pretende "ser real".

Necessidade da consistência imaginária. Os redondéis de corda como toros

Bem, para abordar esse real, para "afazer-se" com ele, ("*se faire*", que soa *sphère*: esfera), para se afazer ao real é preciso passar pelo imaginário (evocado pela "esfera"). Vale dizer, cumprirá referir o real a uma consistência. Os três "redondéis de corda", esses três nós triviais, R, S e I — essas três diz-menções do *parlêtre* —, têm, cada um, uma consistência, isto é, algo que se obtém precisamente a partir do imaginário. Recordemos que se adjudicou ao imaginário a propriedade da consistência; ao simbólico, a propriedade do furo; e ao real, a da ex-sistência... e que, ao mesmo tempo, cada uma das dimensões tem as três propriedades — o que remete ao fractal.

É por isso, e Lacan diz tê-lo percebido tarde, que é preciso levar em conta que, necessariamente, para que se elas sustentem, devemos remeter cada uma dessas categorias (R, S e I) a um corpo, isto é, a uma consistência imaginária — tema ao qual voltaremos (ver pp. 43-ss.).

Por isso Lacan vai fazer de cada um dos redondéis de corda um toro. Assim, por esta via ele volta a introduzir a topologia das superfícies na abordagem nodal, algo que lhe irá permitir novas operações — como, por exemplo, a reversão (*retournement*). Ele também irá voltar a examinar operações como as de "cortar" e "furar", aplicando-as a um toro, e também diferenciando-as e articulando-as na medida em que se pratiquem na superfície do toro.

O SEMINÁRIO 24: SEU TÍTULO

Em **16 de novembro de 1976**, Lacan declara: "este ano [...] com este *L'insu que sait de l'une-bévue s'aile à mourre*, pretendo introduzir algo que vai mais longe que o inconsciente". Digamos: que o inconsciente freudiano, pelo menos. Por isso, numa determinado ocasião, Lacan se refere ao inconsciente de Freud e ao "nosso", distinguindo-os.

O título — complexo — desse seminário brinca a fundo com a homofonia que a língua francesa lhe permite. "*L'insu*" (o não sabido) seguido de "*que sait*" soa como *l'insuccès* (que foi traduzido por "o fracasso").

"*...une-bévue*" é uma transliteração de *Unbewusste*, nome em alemão do Inconsciente freudiano. *Une bévue* evoca um equívoco, um tropeço, um deslizamento (a *bi-vue* é um termo que associa a *vue* [vista] e o *bis*, que remete ao que causa um erro: algo assim como ver dobrado)... e "*s'aile à mourre*" soa como "*c'est l'amour*", é o amor.

Quanto a "*mourre*", é o nome de um jogo que se pratica desde a Antiguidade (já se o menciona n'*A Ilíada*), e que ainda é conservado na Itália, na Turquia e em alguns lugares da Espanha.

A morra. Pintura atribuída a Johann Liss (1621), Galeria Real de Kassel.

Jogo da Morra
Cada jogador oculta um punho atrás das costas. Simultaneamente, mostram as mãos com nenhum ou vários dedos estendidos, ambos os jogadores dizem ao mesmo tempo o número de dedos estendidos que esperam haver entre as duas mãos.
O jogador que tiver acertado ganha.

Há uma variação desse tipo de jogo que talvez seja mais conhecida entre nós como "pedra, papel e tesoura".

Quando impera uma orientação rumo ao simbólico e a verdade

Lacan ilustrará certo fracasso da psicanálise baseado precisamente no *amor*, o amor excessivo pela verdade, e pelo inconsciente como lugar de uma verdade. Com uma manipulação topológica vinculada à reversão, ele examina — desde a primeira aula em **16 de novembro de 1976** — uma apresentação do resultado de uma análise conduzida por um excessivo amor pela verdade e por uma orientação predominantemente simbólica. É algo que já havíamos mencionado e voltaremos a esse ponto.

Essa crítica nos evoca uma afirmação, a princípio bastante surpreendente, que encontramos no S21 *Les non dupes...* (**11 de junho de 1974**). Lacan afirma: "Tudo o que quis dizer este ano a propósito dos *non dupes* [desenganados] é que eles erram; quer dizer, que quem não está apaixonado pelo seu inconsciente *erre* [*erra*: com os dois sentidos de cometer um erro e perambular]."

Mas ele logo acrescenta: "Pela primeira vez na história é possível que vocês possam *errar*, isto é, que rejeitem amar o inconsciente de vocês, visto que sabem que é um saber *emmerdant* [irritante]." Não obstante, continua ele, transitar por essa *erre* [erro e errância, trajetória] seja "talvez por onde possamos tornar a encontrar o real". Acessar esse real não é fácil para nós, seres falantes, sempre presos aos semblantes. Trata-se, pois, de ser suficientemente *dupe* (enganado) do (pelo) real do inconsciente, para poder alcançar um fiapo, um fragmento, um mínimo pedaço do real, esse "pouco" de real que a nossa prática nos permite acessar.

O termo "sinthoma" nos últimos seminários

Para este último trajeto do nosso *Passo a passo* pelos seminários 24, 25 e 26, retomo algumas observações feitas por F. Schejtman. Ele ressalta que é curioso, de fato, que Lacan praticamente deixe de lado qualquer menção ao *sinthoma*, noção que havia encontrado seu lugar dominante no S23.

É evidente que Lacan toma itinerários diferentes dos explorados no S23. Há, podemos dizer, uma espécie de descontinuidade em seu trajeto "nodal".

Schejtman assinala três referências ao *sinthoma* nesse período. Por ora, vou apenas assinalá-las, deixando o comentário para depois:

1) O *sinthoma* é uma "debilidade mental";

2) Há uma relação intrínseca entre o *sinthoma* e o *l'une-bévue*.

3) Oposição entre sintoma (de gozo, seja ele sintoma-metáfora ou sintoma-letra) e *sinthoma* (como função de enodamento dos três registros).

Uso da reversão em *L'insu* (S24)

Exploramos então o S24, que se apresenta como uma exploração de manipulações topológicas que abrem diversas questões que iremos examinando. Entre outras:

– revisão das identificações freudianas;

– referência à histeria;

– crítica a certa forma de psicanálise que dá prevalência ao simbólico;

– novas formulações da interpretação;

– revisão da distinção "clássica" operada por Jacques Lacan no plano da palavra quando distinguia entre palavra plena e palavra vazia.

Além do mais... iremos revisando essas questões passo a passo...

Identificações em *L'insu* (S24)

Abordo agora, então, a primeira aula de *L'insu*: a de **16 de novembro de 1976**. Depois de breves comentários sobre o título do seminário que já abordei, Lacan menciona as três identificações freudianas.

Sabemos que Freud declina três tipos de identificações, e Lacan diz que para ele "também" há três, ainda que não se possa afirmar que correspondam exatamente às três freudianas!

- Identificação ao *pai*;
- Identificação ao *traço unário*;
- A identificação *histérica*.

Ele não se concentra demais nelas, mas as menciona paralelamente à sua apresentação das possíveis operações de reversão em um ou mais de um toro. Assim sendo, elas poderiam ser "lidas" a partir dessa operação. (Ver mais adiante, pp. 81-ss.).

Lacan propõe, para o final da análise, postular uma nova identificação, com uma possibilidade para o sujeito de "identificar-se com...", com algo... Com o quê? Com o seu sintoma. E como escrevê-lo: sintoma ou *sinthoma*? Inclino-me a *sinthoma*. Apesar disso, ele não faz uso de sua nova grafia. Voltaremos ao tema (ver Aula 14, p. 66).

Reversões possíveis em toros

Passo à principal manipulação topológica que Lacan começa abordando: a reversão (*retournement*) — já apresentada brevemente ao final de *Passo a passo, vol. 2*, pp. 181-183).

A autoria de toda essa parte acerca da diversidade das operações cabe a Jorge Chapuis.

Será mais difícil (não impossível) operarmos materialmente, pois já não se trata de redondéis de corda, mas de toros nos quais poder operar cortes e reversões. Teríamos de utilizar uma espécie de câmara pneumática (tipo salva-vidas) muito flexível... No entanto, se algum de vocês quiser dedicar-se a fabricá-las, seja bem-vindo!

O TORO

Em primeiro lugar, apresentemos esta superfície que já nos é familiar desde o seminário 9, *A identificação*, de J. Lacan. Trata-se do toro, figura básica da topologia das superfícies. Recordemos como ele se apresenta:

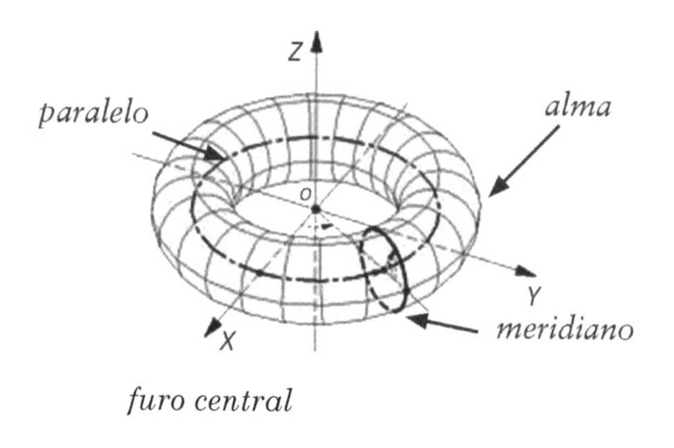

Fig. 13.2. Estrutura de um toro: alma, furo central, paralelo, meridiano

Num toro, cumpre distinguir seus dois furos: o central e o longitudinal, que se costuma chamar de "alma". Também os dois cortes básicos que desmontam o toro, convertendo-o em cilindro: o longitudinal, ao longo da alma (consoante um paralelo; digamos, consoante o eixo do desejo), e o transversal (consoante um meridiano; digamos, consoante o eixo da demanda).

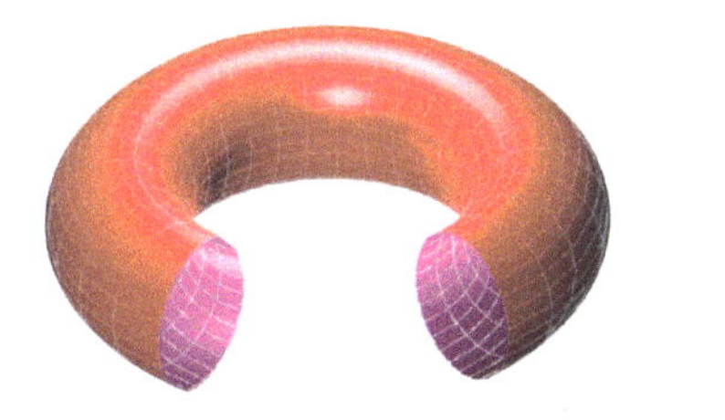

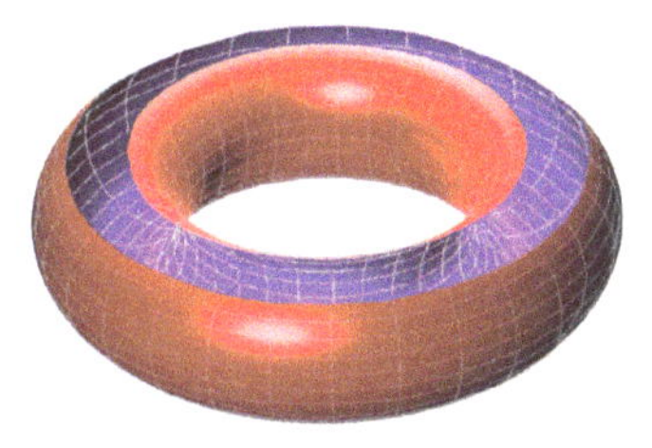

corte transversal (demanda) *corte longitudinal (desejo)*

Fig. 13.3. Efeitos dos cortes (coupures) básicos em um toro

Há muitos outros cortes possíveis, como, por exemplo, o que Lacan propõe em "O aturdito" (combinação dos dois tipos), que produzem outras superfícies... mas ele não interessa neste momento (ver nosso *Guia topológico para "O aturdito"*, pp. 158-ss.).

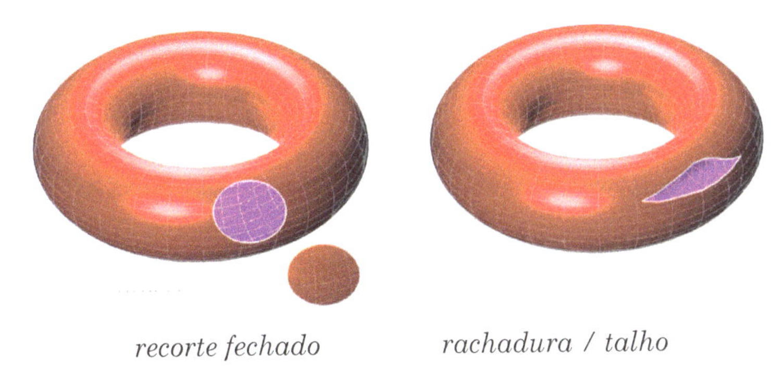

Fig. 13.4. Furagem (*trouage*) de um toro com corte fechado e por rachadura.

Convém também diferenciar entre rachadura (o que poderíamos fazer com um talho à faca) no toro e fazer um corte fechado que deixa um furo e extrai uma fatia da superfície. Não obstante, em ambos os casos, a superfície restante é similar.

Vamos, então, operar num toro uma primeira manipulação de reversão.

Reversão num toro *Trique* (Trico)

A reversão requer um corte e um "dar volta" no toro sobre si mesmo. Com essa reversão, o furo exterior (o *eixo*) fica dentro e o furo interior (a *alma*) fica fora.

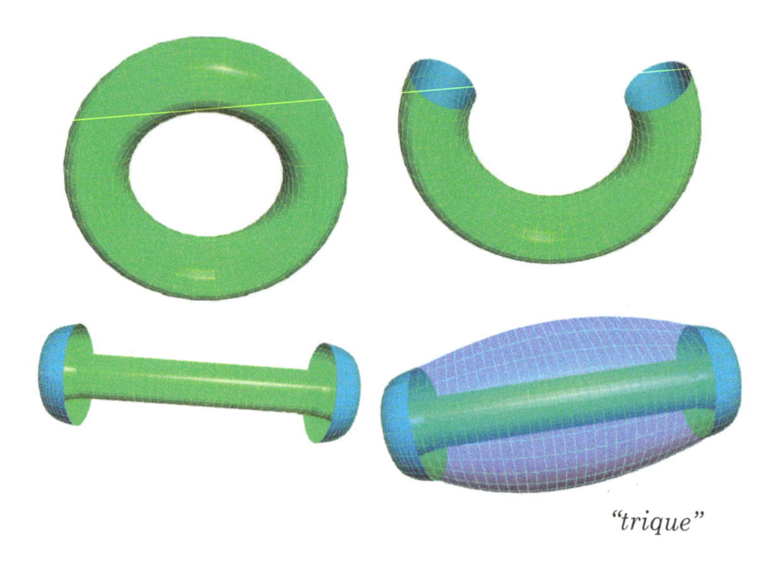

Fig. 13.5. Operação de **reversão** num toro: forma de *trique* simples.

Mas ainda que tenha sido revertido, não deixou de ser um toro com seus dois furos.

Lacan utiliza o termo *trique* sobretudo para se referir à *trique* histérica (que logo veremos como uma operação de reversão em toros enlaçados). Aqui temos a forma simples da *trique*. O termo *trique* evoca simultaneamente *tore* (toro), *hystérique*, *historique*, *éthique*.... Não há maneira de fazê-lo ressoar desse modo em castelhano. Geralmente, *trique* é traduzido por "porrete"; em francês, refere-se a um bastão utilizado para bater, é sinónimo de *gourdin*, *matraque*: maça, bastão, cassetete (em estreita relação com a violência sobre os corpos exercida pela polícia). Mas dado que *trique* pode ser extraído de *torique* (tórico), por eliminação da letra "o", também podemos fazer o mesmo em castelhano e dizer "trico".

Do ponto de vista topológico, a *trique* simples não passa de um toro, mas um toro revertido em relação a um original, cujos meridianos (digamos, circuito *demanda*) se converteram em paralelos (digamos, circuito *desejo*), e vice-versa.

Para sua visualização, utilizaremos distintas representações. Há desenhos nossos, imagens 3D criadas por J. Chapuis, e de outras fontes cuja procedência procuramos indicar em cada caso. As imagens 3D são muito úteis para conceber a operação; mas, uma vez entendida, é mais simples utilizar croquis e representações esquemáticas.

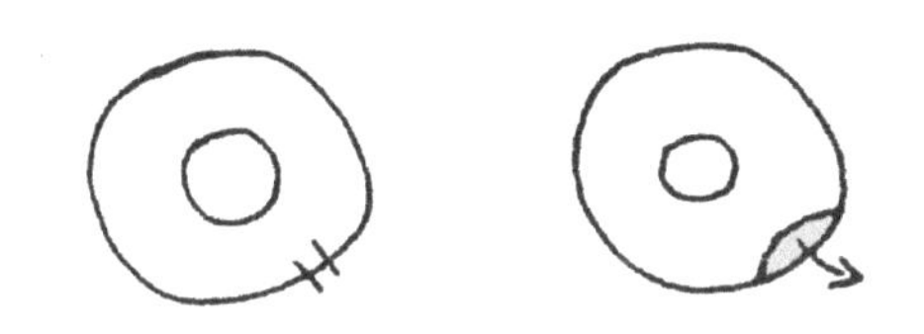

Fig. 13.6. Esquemas da reversão num toro: forma de *trique* simples. (*fonte:* versão S24. México: Ortega y Ortiz, 2008.)

Reversão em toros enlaçados

Lacan prossegue explorando operações de reversão com mais de um toro, implementando diversas possibilidades de toros encadeados entre si, cadeias de toros de distintas conformações. Vejamos então as reversões em dois toros:

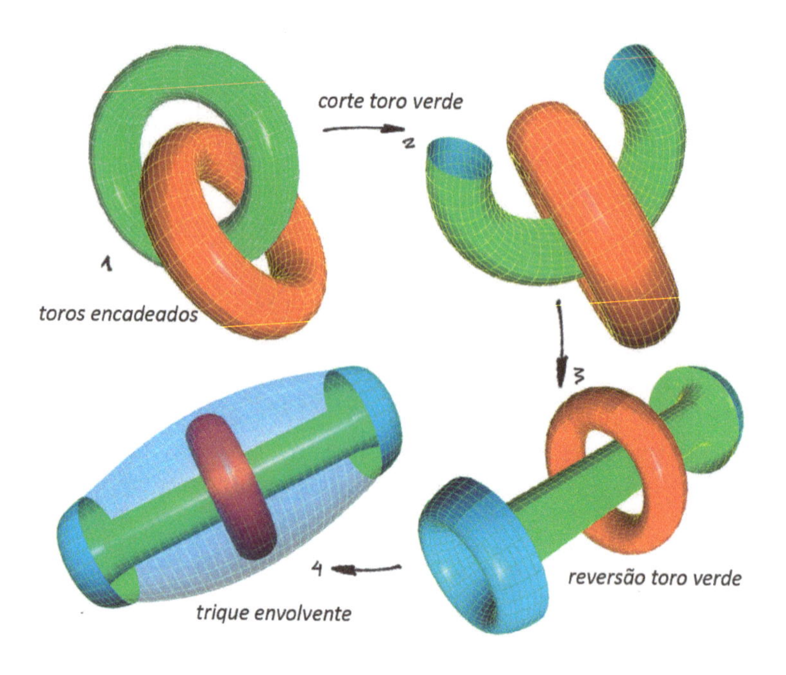

Fig. 13.7. Processo de reversão de um toro em dois encadeados.

A figura de partida (1 em *Fig. 13.7*) foi utilizada por Lacan para ilustrar várias formações desde o seminário *A identificação* (S9). Ela consiste numa cadeia de dois toros, um passando pelos furos do outro: um encadeamento que chamamos de "olímpico", em que um redondel passa por dentro do outro, e que corresponde também, dado que só há dois elementos, a um encadeamento de tipo "enlace".

Reverte-se um dos dois toros (na nossa imagem, o verde), de modo que a sua face externa passa a ser interna, ao passo que o outro permanece no interior do revertido sem que suas faces tenham sofrido nenhuma mudança.

É interessante perceber que, no caso dos dois toros encadeados, o resultado pode ser distinto conforme a reversão se produza partindo de um corte do tipo "furo" ou de um talho ou fenda. Com efeito, a reversão de um dos toros por corte transversal ilustra outra possibilidade: ele poderia voltar a se unir passando por dentro do furo do toro encadeado, e o efeito é que os dois toros se desencadeiam.

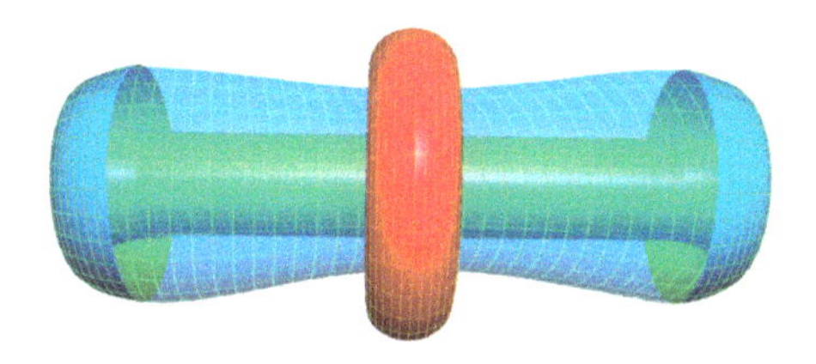

Fig. 13.8. Outro resultado da reversão de um de dois toros enlaçados: des-enlaçados.

A reversão por corte transversal não assegura que a *trique* (ou trico) envolva o outro toro e mantenha o enlaçamento. Por outro lado, a reversão por corte simples, ou fenda, tem um único resultado possível: a *trique* com o outro toro encadeado em seu interior.

De fato, Lacan só faz referência ao corte transversal para explicar a reversão quando mostra a *trique* simples; e então utiliza unicamente a reversão imaginada mediante um talho ou rachadura que não produz nenhum desenodamento.

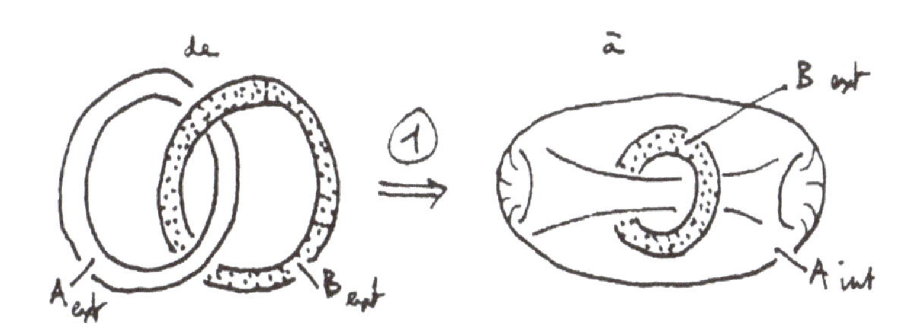

Fig. 13.9. Esquema reversão cadeia 2 toros (*fonte:* S24 transcrições)

Reversão de 2 toros um dentro do outro

Lacan apresenta uma segunda operação partindo de dois toros que compartilham o furo central: um toro A com outro toro B em seu interior.

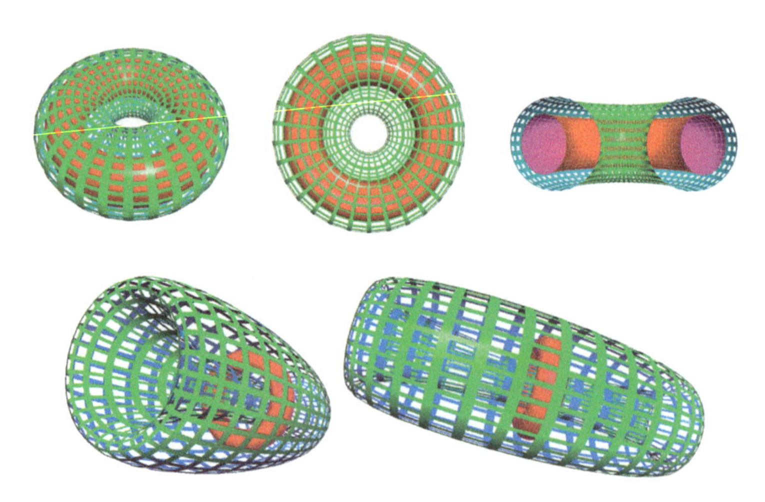

Fig. 13.10. Diferentes visualizações de um toro dentro de outro com o furo central compartilhado: *trique* (trico).

Reverte-se primeiro o toro externo (A) e depois o outro toro (B) que ficou fora e encadeado pela primeira reversão. A simples reversão de A nada mais é que a *trique*.

O resultado dessa operação é que se volta a obter um toro dentro de outro. Mas ambos trocaram suas faces internas pelas faces externas, ao que se soma o fato de que o toro que estava dentro passa para fora, e vice-versa.

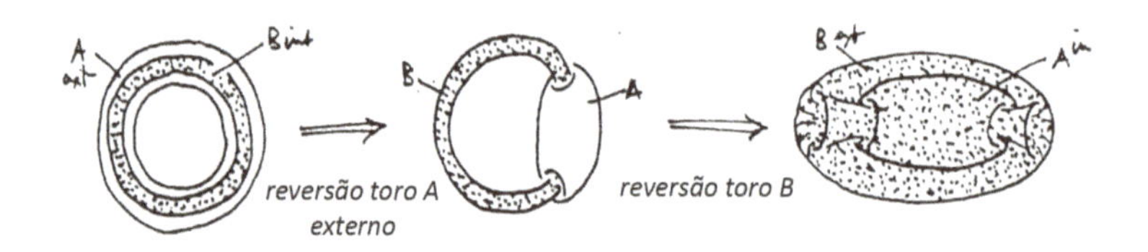

Fig. 13.11. Esquema reversão de 2 toros concêntricos (*fonte:* S24 transcrições modificadas por J. Chapuis).

Ambos os toros mudaram a posição de suas faces externa e interna, bem como seu lugar no enlace: se no princípio o toro A inclui o toro B, depois é o toro B que inclui o A.

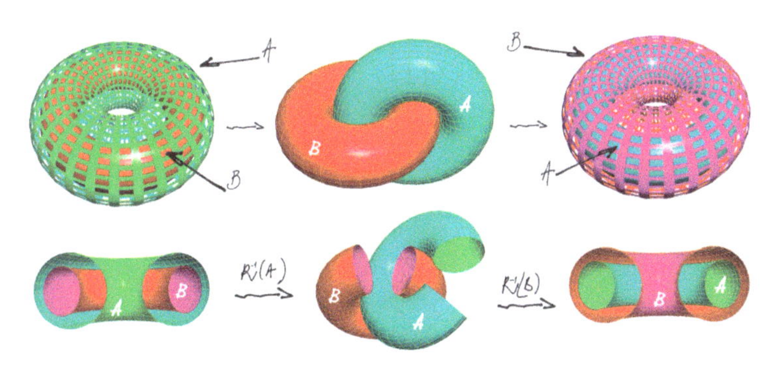

Fig. 13.12. Reversão dos dois toros partindo de um dentro do outro com furo central compartilhado: *trique*.

Por outro lado, pode-se comprovar também que a primeira parte dessa operação tem como resultado a cadeia da qual se partia na operação anterior (dois toros encadeados) descrita pela *Fig. 13.9*, p. 25.

Na realidade, para essas "reversões" não é necessário passar pelo corte; é, de fato, o que faz P. Soury em *Momento de concluir* (S25), distinguindo topologicamente as operações de *furagem* e *corte* — distinção entre furo e corte à qual voltaremos (ver p. 98).

Contra-análise

A operação de reversão efetuada num toro do NBo3 identificado como cadeia R/S/I dá a Lacan um suporte para criticar certo tipo de análise, orientado unicamente pelo simbólico.

Para essa operação sobre três toros enodados de maneira borromeana (NBo3) não é preciso distinguir qual é qual, ou seja, nomeá-los ou identificá-los como R S I, ou colori-los. Basta reverter um dos toros sobre os outros dois.

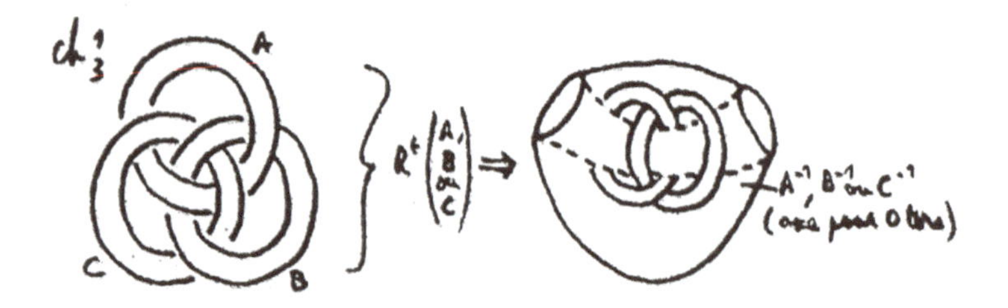

Fig. 13.13. Esquema da reversão de um toro qualquer no NBo3 (*fonte:* S24 transcrições).

A ideia de *enveloppement*, de envoltório (exemplificada com a operação de *reversão*), não é alheia à psicanálise; a um tipo de análise em que S *envolve* R e I.

Retomo o que havíamos avançado tanto em *Passo a passo, vol. 1* como no *vol. 2*.

– Três toros do NBo3 RSI.

– S por cima de I e por baixo de R.

– Corte (fenda, talho) em S e reversão de S. Resultado: S envolve totalmente R e I (ver p. 33 de *L'insu*, versão de P. Valas).

Fig. 13.14. Reversão de S: I e R ficam envoltos por S.

Lacan fala de um excesso de amor pelo Inconsciente, um excesso que ele decerto atribui a Freud. Freud "amava demais o inconsciente" quando situava a possibilidade de um encontro com a verdade. No fim, isso não fica longe de aspirar chegar a uma conjunção entre verdade e saber, visto que não há dúvida de que, para Freud, o inconsciente é concebido como um saber.

Pode-se fazer algo melhor, afirma Lacan, e é quando ele propõe a sua ideia de "contra-análise". Porque R e I envoltos em S perdem a natureza borromeana. Com essa orientação não se desemboca numa "subjetividade borromeanamente constituída" (como, segundo Lacan, Joyce teria conseguido fazer sem a análise e a partir da sua arte-dizer... apresentada ao final do S23 — ponto amplamente tratado em *Passo a passo, vol. 2* com os *três estados do nó de Joyce*).

Que I e R estejam dentro, envoltos por S, é então problemático ... porque, insistimos, essa reversão rompe com a qualidade borromeana do nó de partida. Lacan, com a sua proposta de uma "contra-análise", quer fazer melhor que isso; quer corrigir aquela orientação que, por fim, ele atribui a uma análise de tipo freudiano...

Fig. 13.15. Contra-análise, corte em S que envolve R e I. => Nó borromeano em sua "forma original".

Lacan fala em "contra-análise", que consiste então em praticar novamente um corte, um talho no toro de S para voltar a obter o NBo3 (p. 34 de *L'insu*, versão P. Valas).

Como referência nesse sentido, pode-se ver a crítica que ele faz em **11 de janeiro de 1977** associada ao livro *Cryptonymie: le verbier de l'homme aux loups*, de Nicolas Abraham e Maria Torok, com prólogo de J. Derrida: "[...] estou espantado com isso pelo qual, em suma, me sinto mais ou menos responsável, [...] por outro lado, poderia ter reservado apenas a mim a satisfação de brincar com o inconsciente sem explicar sua farsa, sem dizer que é por esse tipo de efeitos de significante que ele opera" (S24). Em todo caso, Lacan vê nesse tipo de exercício do livro mencionado a manifestação de um verdadeiro delírio de interpretação.

Depois desses exercícios de reversão num toro em vários tipos de encadeamento, Lacan se arrisca e lança a pergunta que comentava antes: pode-se considerar que as três formas de identificação freudianas correspondem a operações de reversão? E se assim for: de que tipo? Teremos que voltar a isso... Vamos deixar esse tema em reserva, e para tratá-lo nos será útil o livro de É. Porge, *Lettres du symtôme*, já mencionado noutras ocasiões.

14 Sintoma, *sinthoma*

Fevereiro de 2019

Sobre a posição da psicanálise
O uso das reversões
Identificação como transformação
Concepção extrema do real
O corpo-*trique* (trico)
Reversão simples de um toro
A *trique* histérica
A histeria como NBo4 em F. Schejtman
Desencadeamentos histéricos entrevistos por F. Schejtman

Antes de mais nada, vejamos esta imagem como resumo comparativo, para dispor de uma visão global apresentada por J. Chapuis.

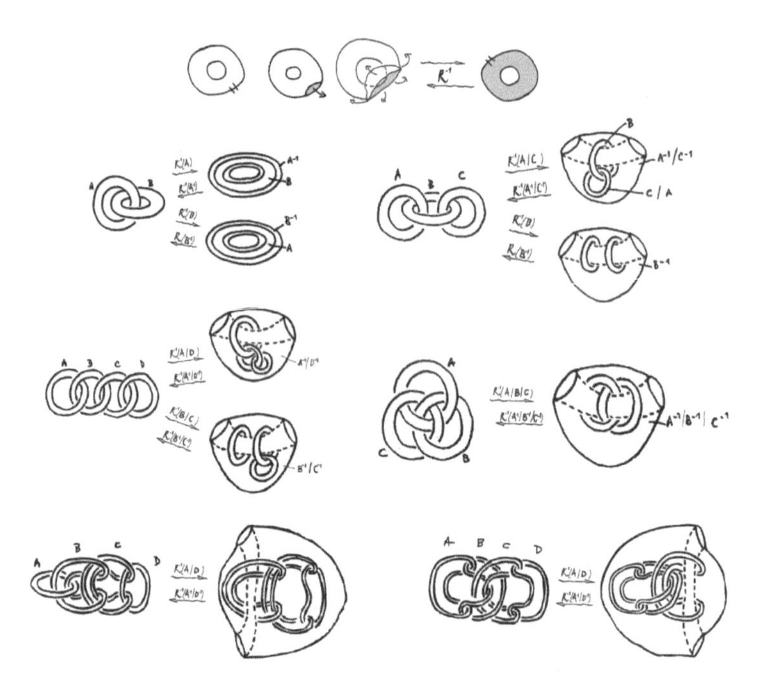

Fig. 14.1. Reversão de um toro em cadeias olímpicas com 2, 3 e 4 anéis, e cadeias borromeanas com 3 e 4 anéis (*fonte:* S24 transcrições modificadas).

Sobre a posição da psicanálise

Lacan formula várias apreciações sobre a psicanálise em geral que vale a pena mencionar.

1) A psicanálise não é um progresso, é uma prática para sentir-se melhor, o que se pode acompanhar perfeitamente com uma espécie de "estupefação"... Não é um progresso das "luzes da razão", diria eu... da Ilustração, se assim quiserem, com o seu ideal de avançar rumo a um progresso da razão. O que deveria evitar que nos surpreendêssemos diante da estupidez dos analistas com relação a uma ou outra questão, ou com relação a esse ou aquele ideal de "progresso racional", o que frequentemente vem acompanhado do ideal de uma "melhor educação". Educar o povo

para que não caia na miséria da massa ou tome medidas e decisões (por exemplo, políticas) que, de uma perspectiva iluminista racional e humanista, são apresentadas como "irracionais".

2) Se a psicanálise não deixa de dar voltas no círculo da "verdade", ela não se distingue da religião, que é mais apta que o discurso da psicanálise para ocupar um lugar dominante nos discursos que organizam os sentidos de uma existência. O verdadeiro nada tem a ver com o real. Se nos mantivermos girando em torno da verdade — no plano da palavra, plano que é o único em que se pode falar de verdade: *moi, la vérité, "je" parle* ("eu", a verdade, falo) —, não sairemos do circuito da religião. A psicanálise se converteria — já se converteu, em parte, sem dúvida — numa forma moderna da fé...

3) Ao afirmar que não há progresso, Lacan também remete a uma imagem topológica: a de "*tourner en rond*" (dar voltas). Giramos e não deixamos de girar em torno de um furo: esse furo que Lacan situou no campo do Outro da linguagem e escreveu, entre outros, com o matema S(Ⱥ): furo que remete ao que Freud reconheceu como recalque originário. Para Lacan, não se trata de uma operação de *recalcamento*. Trata-se de uma estrutura com uma falha interna bem no campo do Outro, no campo do Outro como lugar do "tesouro dos significantes" (tal como ele o escreve, por exemplo, no Grafo). Trata-se de uma falha "lógica"; grande parte do seminário 16 (*De um Outro ao outro*) gira em torno dessa questão, está destinado a demostrar isso "logicamente" a partir da ideia que ele ilustra com o "par ordenado": (S1 (S1 (S1, S2))). O que Lacan ilustra com a referência ao cavalo de Troia, mas atuando ao revés: em vez de expulsar do seu interior os S1, em cada emergência o S1 é engolfado para dentro da barriga de S2.

Lacan já aventou sua nova perspectiva em termos do estatuto do inconsciente: ele já não o concebe em sua base, em sua infraestrutura, por assim dizer, como uma cadeia de significantes, mas como um enxame de S1; não há formação de *cadeias* no inconsciente. S1 ressoa por homofonia em francês com *essaim*, quer dizer, enxame. No S21 (**11 de dezembro de 1973**), Lacan explicita isso claramente na forma de autocrítica — algo que já comentamos em nosso *Passo a passo, vol. 1*, p. 56 —, citação à qual concedemos uma importância fundamental. Não há no Inconsciente cadeias entre significantes, não há concatenação significante, não há articulação significante S1–S2.

O uso das reversões

Nesta intervenção, introduziremos algumas formas nodais para prosseguir com o exame da operação de reversão. Nós nos ocuparemos, assim, da questão do corpo, da armadura de amor ao pai do sujeito histérico e das identificações.

Identificação como transformação

Lacan retoma as identificações freudianas, mas, ainda que não se detenha demasiadamente no tema, apresenta nesse seminário 24 a sua proposta de um novo tipo de identificação que se produziria ao final de uma análise: ele fala de um "identificar-se com" o sintoma. Surge, então, um problema a partir da perspectiva nodal: trata-se de se identificar com o sintoma (função de gozo) ou de se identificar com o *sinthoma* (enquanto função de enodamento)? Como escrever, então: com ou sem H? Já propus que seria o caso de escrever com H, mas Lacan quase não utiliza a grafia *sinthoma*. Abre-se, então, toda uma questão.

Para o que aponta essa "identificação com o sintoma", para a qual Lacan não propõe nenhuma apresentação topológica? Não nos deteremos demais agora neste tema. Recordemos simplesmente que Lacan evoca uma dimensão, por assim dizer, pragmática. Mas que essa aquisição de um saber, já que por fim não há sujeito que possa acessar o saber do inconsciente — "saber sem sujeito" —, trata-se de um "saber fazer". Lacan precisa um *savoir-y-faire* com o sintoma. O "*y*" remete a um *aí*, "saber-aí-fazer", que se refere ao inconsciente[1].

Ao se referir a esse "identificar-se com o sintoma" no final de uma análise, Lacan enfatiza o que pode querer dizer esse tipo de identificação. Ele a situa no plano de um "uso": "*savoir y faire*" com o sintoma de alguém. Esse "saber fazer aí", ele o remete a dois planos diferentes: *savoir y faire* com a própria imagem (esse narcisismo a que se refere, ao que me parece, C. Soler com a noção de "escabelo"; cf. a edição ampliada de *Lacan, leitor de Joyce*[2]) e um *savoir y faire* com o *partenaire*, isto é, um *savoir y faire* com o parceiro sexuado. "*Savoir y faire avec son symptôme*", afirma por fim Lacan, "*c'est court*"... não é grande coisa. Ele rebaixa, em parte, as pretensões para o final da análise. No fim, é suficiente que alguém se conforme com um final de análise, com um sentir-se bem que esse *savoir y faire* aporta. Podemos evocar a maneira como Freud também se dava por satisfeito quando, ao final de uma análise, alguém se encontrava bem no plano do trabalho e do amor. Um final de tipo terapêutico, diria.

Mas, é claro, isso não seria suficiente para o que concerne a um final de análise correlacionado com um "passe" de analisante a analisado. Lacan remete a uma exigência um tanto mais complicada quando fala do final da análise que desemboca na virada de analisante a analista.

---

[1] Savoir y faire (ter as manhas) é uma expressão coloquial francesa que significa possuir o dom, o traquejo, o conhecimento para fazer bem uma determinada coisa. (N. de T.)

[2] SOLER, C. (2015) *Lacan, leitor de Joyce*. Trad. Cícero Oliveira São Paulo: Aller, 2018.

Esse novo tipo de identificação, identificar-se com o *sinthoma* (escrevo com H, mas Lacan não escreve assim, e fica em aberto para nós a questão que já sinalizamos), se trata de identificar-se com o sintoma enquanto modo de gozo ou com o *sinthoma* como solução de enodamento? Opto pela segunda perspectiva porque identificar-se com o sintoma enquanto gozo só nos daria, ao que me parece, aquilo que chamamos em mais de uma ocasião de "o saldo cínico de uma análise".

A identificação é uma operação que remete sempre a uma transformação. Nesse ponto, remeto a uma referência importante, o livro de Érik Porge, *Lettres du symtôme*, texto que já mencionamos em mais de uma ocasião.

Ao tratamento da identificação que remete a uma transformação — assinala É. Porge — calha o recurso da topologia, que se pode considerar uma *ciência* das transformações.

Concepção extrema do real

Detenho-me — antes de examinar a topologia nodal do corpo e do sujeito histérico — em algumas considerações gerais da noção de real, noção que temos de questionar incessantemente sobretudo a partir de um uso abusivo que é provável termos vimos florescer nos últimos anos. Volto também a algumas considerações gerais desse último período do ensino de Lacan, retomando algumas referências a J.-A. Miller, em seu *El ultimísimo Lacan* [O ultimíssimo Lacan] já mencionado no início.

Em **8 de março de 1977**, Lacan afirma: "Quero precisar essa noção que tenho do Real. [...] Ela se distingue do que a ele se enoda. [...] Se podemos aventar uma noção do Real, é porque é algo consistente." De onde poderia provir a consistência do real, a não ser do imaginário, já que dificilmente se poderia falar de um real *em si* que fosse consistente? O real adquire as suas propriedades de sua articulação com o Imaginário e também com o Simbólico.

Lacan remete, então, à tríade R, S e I enodada pelo NBo3. Se não há enodamento, "o real se desvanece em poeira de toro".

O Real só está vinculado a uma estrutura. "A própria ideia de Real implica a exclusão de todo sentido". Resulta problemático, então, outorgar-lhe nem que seja o mínimo sentido do "Um". Mas é preciso que nos agarremos a algo, e essa lógica do Um é o que nos resta, o que nos resta como existência.

"... trata-se de uma posição extrema", porque se só há real enquanto excluído do sentido, isso não vai no sentido da nossa prática enquanto prática de sentido. Apesar disso, cumpre recordar que a orientação da nossa prática aponta para o au-sentido, para o au-sexo, para o fato de que algo não pode se escrever: a relação sexual".

O paradoxo não é um paradoxo, mas uma jornada que vai do sentido ao contrassenso. Para alcançar esse ponto de contrassenso, é preciso passar pelo sentido para alcançá-lo em seu limite. A perspectiva nodal nos permite falar disso em termos de: para chegar ao furo verdadeiro, é preciso passar pelos furos falsos.

Como é possível a análise se os *nomina* não remetem, não concernem, de algum modo às coisas?

Freud delirava, mas "*juste ce qu'il faut*", só o necessário. Ele imaginava que o Verdadeiro é o núcleo traumático — é o que Lacan afirma em **19 de abril de 1977**.

Recordo, então, o que havia dito na lição anterior, de janeiro, evocando o seminário de J.-A. Miller, com relação a essa última parte do ensino de Lacan: implica um risco porque implica uma espécie de des-construção de todos os semblantes da psicanálise... precisamente dos que fazem com que ela ainda circule com certo encanto...

Não obstante, repito, apostamos numa possível nova operatividade da prática analítica a partir dessa perspectiva nodal.

Vamos retomar algumas sinalizações do seminário de J.-A. Miller que me parecem esclarecedoras.

Nessa abordagem nodal, trata-se de tomar como ponto de partida não o Outro, mas o Um. O Um do Simbólico, do Real e do Imaginário (é preciso recordar as afirmações feitas desde o início): cada redondel de corda é um Um — o que se chama de "nó trivial" — e eles são equivalentes uns aos outros (ver *Passo a passo, vol. 1*). Eles só se distinguem enquanto Um entre outros Uns.

O real, em sua definição extrema, sendo o que está excluído de todo sentido, necessita, apesar disso, pelo menos da referência à lógica do Um para poder cercá-lo: *le serrer* (apertá-lo) e *le cerner* (cingi-lo). Necessita dessa referência *mínima* à lógica do Um.

L'une-bévue, "*a bévue*", novo nome do Inconsciente, não remete a sentido algum. Basta recordar o "Prefácio à edição inglesa do *Seminário 11*", de 1976 — último escrito de Lacan que encontramos entre os seminários *L'insu* (S24) e *Momento de concluir* (S25) —, em que ele escreve: "o pouco que sabemos, em matéria de real, mostra a antinomia com qualquer verossimilhança" (*Outros escritos*, p. 569). Em **8 de março de 1977** (S24), Lacan diz: "Apesar de tudo, é preciso se agarrar em algum lugar, e essa lógica do Um é o que nos resta como ex-sistência", quer dizer, como o mais próximo da falta de sentido. O real exige, consequentemente, essa referência mínima ao Um.

O discurso analítico, como sabemos, se depara com uma barreira, com uma hiância, com uma ruptura na continuidade entre S_1 e S_2. Ela está bem localizada na própria escrita do discurso do analista, na hiância entre o produto S_1 e o saber S_2 no lugar da verdade. Essa falha está bem indicada no seminário *De um Outro ao outro* (S16), que Miller comenta assim: "O S_1, justamente porque tem o sentido do Um, implica, aguarda, pede um S_2, mas sabendo, ao mesmo tempo, que ele não virá" (p. 152).

$$\frac{a}{S_2} \rightarrow \frac{\$}{S_1}$$

escrita do discurso analítico

De alguma maneira, esse inconsciente/*bévue* só adquire sentido via interpretação. Se antes tínhamos "uma *bévue*" (que evocava o lapso, o malogro) como uma formação do Inconsciente, agora ela se apresenta no primeiro plano do inconsciente que, a partir desse momento, destaca sua dimensão enquanto real. Para a distinção entre inconsciente/real e inconsciente/linguagem, ver o livro de C. Soler: *Lacan, o inconsciente reinventado*[3]. A definição do sujeito do inconsciente, como representado por um significante para outro significante, remete então a esse "encadeamento", a essa concatenação significante que não passa de fruto do trabalho operado no dispositivo analítico como prática de decifração.

O Um (numérico) dessa lógica do Um à qual é preciso se referir é algo como o mínimo de sentido que o real encontra, antes de sua permanência num real — digamos, um real puro, um *real em si*, excluído realmente de todo sentido.

Apesar disso tudo, cumpre agarrar-se a alguma parte, como vimos precisar o próprio Lacan, e essa lógica do Um (redondel de corda, reconhecida como Um desde o seminário *Mais, ainda* (S20)) é o que nos resta como escrita da ex-sistência do real (o mais próximo do esvaziamento de sentido).

Pelo fato de se interessar por esse *real extremo*, Lacan se interessa de saída pela identificação, segundo J.-A. Miller,

[3] SOLER, C. *O inconsciente reinventado*. Rio de Janeiro: Cia. De Freud, 2012.

e rapidamente formula algo da ordem da "identidade *sinthomática*" e enfatiza a consistência absolutamente singular do *sinthome*.

"Identificar-se com seu *sinthoma*" (que escrevemos com H) adquire o valor de reconhecer a identidade *sinthomática*, não do sujeito do inconsciente, mas do *parlêtre* (falente, falasser). Identificar-se com seu *sint(h)oma* no final de uma análise consiste em isolar e saber fazer com ele, com o seu "ser de *sinthoma*"...

Não podemos fazer outra coisa, a não ser deixar em aberto a questão de se nesse contexto estamos falando de sintoma ou de *sinthoma* (com H).

Neste período, trata-se, por assim dizer, de voltar para trás, voltar para antes da referência ao Outro; operar, pois, com um Um sem referência ao Outro — precisa J. A. Miller.

O inconsciente/linguagem remete à produção de "sentido". O inconsciente "*une bévue*" carece de referência a todo e qualquer sentido, que só advém pela via da experiência analítica no processo de deciframento das suas formações. Mas o Inconsciente *Arbeiter* (trabalhador), o Inconsciente *bévue* — trabalhador incansável que nunca tira folga — é, por assim dizer, primeiro; ele cifra antes de ser decifrado pela via do sentido. Trabalha para cifrar o gozo, não para decifrar o sentido.

O produto do inconsciente/*une-bévue* — sem sentido — não se dirige a nenhum Outro.

Reivindicar um significante novo, interpreta J.-A. Miller, não é tanto a busca por um novo significante suplementar, mas sim um novo uso do significante, o que permitiria despertar — se isso fosse possível — "do sentido"...

Lacan fala então do inconsciente como uma "enfermidade mental [da qual a pessoa] não desperta"... Já voltaremos a esse ponto, quando examinarmos a escolha forçada entre a loucura ou a debilidade mental (ver p. 59).

O real encontra então um mínimo de sentido — no sentido de "orientação" — no Um, mas um Um capturado sem o Outro. Lacan é claro, repito: "Apesar de tudo, é preciso se agarrar em algum lugar, e essa lógica do Um é o que nos resta como ex-sistência". O real exige a lógica do Um... sem Outro. S_1 que não alcança nenhum S_2.

A questão acerca de onde encontrar um efeito de sentido que não fosse de semblante não podia deixar de levar Lacan a um novo enfoque da interpretação. Digamos, a uma revisão do modo operatório da interpretação.

Para onde apontar com a interpretação a fim de acessar nem que fosse *um pouco* de real a partir da nossa prática? Como produzir um efeito de sentido "real" que não fosse da ordem de um semblante, com o risco de uma interpretação como sugestionamento? Seguindo o comentário de J.-A. Miller, Lacan tenta delimitar uma interpretação que esteja do lado do "simbolicamente real", um novo modo de ex-sistência do significante, um novo uso do significante que, como o real, não tenha nenhum tipo de sentido. Passagem prévia por uma interpretação que vá além do equívoco, mas que consiga fazer "ressoar" o vazio de todo sentido.

"*L'une bévue*", novo nome do Inconsciente, não abriga sentido algum. Recordemos o *laps* do "Prefácio..." de 1976. Se antes tínhamos a *bévue*, o lapso, o malogro, que formava parte da série das formações do Inconsciente, agora ele se apresenta em primeiro plano da cena como algo da dimensão "real" do Inconsciente.

Como dissemos, estamos diante de um paradoxo, pelos menos diante de uma dificuldade, pois existe um hiato entre a perspectiva da análise, orientada para o real, e a sua prática, que é prática de sentido (**8 de março de 1977**, S24).

Lacan busca uma saída para esse paradoxo ao qual ele foi levado por sua concepção do real, por sua abordagem extrema do real como excluído de todo sentido.

Depois dessas considerações sobre a posição extrema de Lacan no que concerne ao real, voltemos a examinar o que é que ele faz com a(s) operação(ões) de reversão: em particular, para uma topologia do corpo e para a apresentação da histeria.

O CORPO-*TRIQUE* (TRICO)

Sem dúvida, um ponto fundamental desse momento do ensino de Lacan é tudo aquilo que concerne ao corpo e que se distingue da concepção do corpo como imagem especular.

Lacan recorre à reversão de um toro para dar uma "forma" ao corpo. Nós nos havíamos perguntado em alguma ocasião dos nossos debates: por que Lacan passa dos redondéis de corda ao toro? Agora podemos propor um esboço de resposta. Esse dar "forma a um corpo" remete à propriedade da consistência, característica do imaginário, que se apresenta como primordial.

Lacan recorre à topologia da superfície, à sua figura básica, para dar consistência aos redondéis de corda R, S e I — "esses que só se sustentam com a condição de serem algo que cumpre chamar por seu nome: um toro" —, a "esses toros que são necessários para a reversão" (S24), ao *retournement* (reversão), operação que examinamos.

Recorrer à figura do toro é o que nos permite dar um corpo aos "redondéis de corda". Habitualmente, na teoria dos nós, concebemos a corda como possuindo uma dimensão só. Mas agora Lacan postula uma consistência que não se conforma com uma única dimensão, introduzindo a dupla dimensão da superfície do toro. Nesse contexto, Lacan propõe uma escrita do que é um "corpo". Sem essa referência ao toro, aclara Lacan, os redondéis de corda R, S e I carecem de "corpo" e não se sustentam...

Com relação ao real, como já mencionamos, Lacan insiste: para "afazer-se" (*pour se faire* — que soa *sphère* (esfera) — com o real é preciso passar pelo imaginário. Não há abordagem do Real que não passe pelo imaginário. No decorrer do (S24), Lacan vai dedicar bastante tempo a refletir acerca dessa relação entre o real e o imaginário, mas é um ponto no qual ainda não nos detivemos em particular. Teremos seguramente de voltar a essa articulação em alguma outra ocasião futura.

Reversão simples de um toro

Lacan assimila o corpo a uma apresentação da reversão simples de um toro.

Contrariamente ao que se pensa, o corpo não é uma bolsa, tampouco uma espécie de saco; ele é o que se denomina *trique*, que tem a forma de um tubo. E a *trique* corresponde a uma reversão simples de um toro.

O corpo não tem uma forma de tipo bolsa na qual distinguiríamos o continente e o conteúdo. De modo geral, ordinariamente, ele é concebido no senso comum como uma bolsa (continente) em cujo interior estariam os órgãos (conteúdos). Essa forma de "bolsa" com a que concebemos o corpo é a forma que projetamos na nossa concepção do mundo quando o concebemos também como uma esfera.

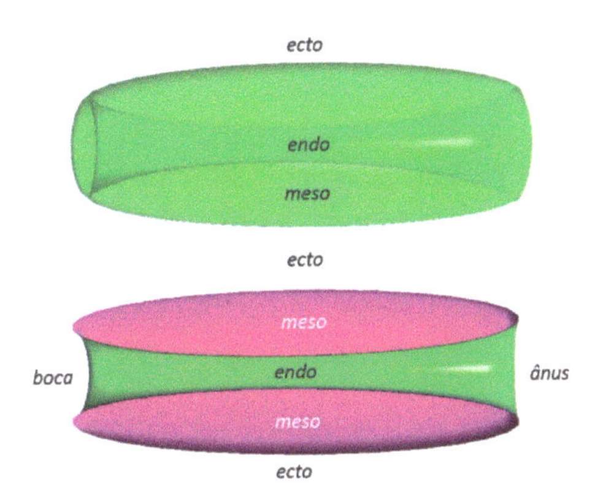

Fig. 14.2. A *trique* do corpo: ecto, meso e endo: o tubo da boca ao ânus.

A consistência, propriedade do Imaginário, nos remete a uma referência do corpo para além da imagem especular do corpo — que inclusive podemos propor como secundária em relação ao corpo/consistência. É essa forma especular do corpo que constitui a primeira identificação do "eu". Recordemos, de passagem, o lugar que ocupa o Imaginário que passa "por cima". Com efeito, o redondel do imaginário ocupa esse lugar na forma de empilhamento obtida pelo lapso "a" de um NBo3 (ver *Passo a Passo, vol. 1*, lapso do NBo3, pp. 122-ss.): S (debaixo de) R (debaixo de) I, empilhamento S<R<I, privilegiado por Lacan de acordo com M. Bousseyroux.

O lapso "a" do Nó borromeano com três, que se produz porque o Imaginário passa por cima do simbólico em vez de passar por baixo, como acontece no NBo3, que serve de ponto de partida para Lacan — essa primeira forma "ideal" de um nó borromeano hipotético, como dissemos em mais de uma ocasião —; o NBo3 que Lacan toma como ponto de partida, em sua primeira intensão de fazer sem o pai, do recurso ao quarto redondel enodador de Freud (o do Édipo, o da realidade psíquica).

A forma de *trique* do corpo não se confunde, em absoluto, com a imagem especular!

Lacan já havia aventado, desde o seminário *A lógica da fantasia* (S14), sua definição do corpo como suporte de uma substância: a substância gozante (ver *Passo a passo, vol. 2*, p. 28).

Sem o corpo não há gozo... o corpo é o lugar em que algo "*se jouit*", se goza — não se trata de um gozo do sujeito, mas de gozo do (no) corpo.

A qualidade de "vivente" do corpo tem a ver com a sua propriedade de ser gozante. O corpo gozante é um corpo como corpo vivo: o corpo "vivente", *corps vivant*.

Essa é uma maneira de se referir à categoria abstrata do "vivo" que Lacan havia situado, desde a época de "A terceira", no furo do real. Mas tem um probleminha: o que é a vida? Onde a vida começa? Na bactéria? A bactéria goza? Já abordamos esse tema em *Passo a passo, vol. 2*, pp. 126-127.

Por fim, não sabemos o que é um corpo vivo... Será que o *parlêtre* se limita a tê-lo, a ter o corpo, a ter um corpo que goza? E até onde postulamos a presença de uma "substância gozante"? Os lírios do campo gozam?

Lacan não compartilha da concepção do "isso" de Grodeck, por exemplo, que remete a "isso que nos vive". Para Lacan, o isso, o *ça*, é o lugar onde isso fala, não onde isso vive — se por vida entendemos essa sensibilidade de gozar. Se "isso fala", é no Outro: "*c'est l'Autre où ça parle*"... mas há o real.

Não vamos continuar com a questão do corpo, que, não obstante, adquire nesse momento do ensino de Lacan um lugar fundamental. Em *Mais, ainda* (seu seminário 20), ele o situou como um mistério, "o mistério do corpo falante". O mistério dessa conjunção entre a sensibilidade de um corpo como substância gozante e a palavra.

Não vou me estender a esse respeito aqui, mas é preciso examinar a dupla operação corpo/linguagem. A linguagem se incorpora ao corpo subtraindo-lhe um gozo (suposto gozo do organismo vivente). Mas com a encarnação (digamos, a indução, no sentido de teoria de campos) da linguagem no corpo gozante, a linguagem como aparato de gozo, como meio de gozo, a linguagem é o mesmo corpo. Daí a afirmação — ver o seminário *A lógica da fantasia* — de que o Outro é o corpo, é o leito (*le lit*) do corpo.

No NBo3, Lacan diferencia claramente entre o gozo fálico (na conexão entre Simbólico e Real, gozo fora do corpo) e o gozo-outro (situado na articulação entre Imaginário e Real, gozo do corpo, gozo no corpo, gozo fora da palavra). Ele também distingue o gozo do sentido (entre I e S) e o gozo pulsional vinculado com o "*a*" no centro do NBo3. Completamos, assim, uma quádrupla referência ao "metabolismo do gozo".

A perspectiva nodal implementa assim uma noção de gozo que passa do singular do gozo — que se refere mais ao gozo em sua face negativa; gozo que nunca é "todo"; gozo do Outro que não existe; gozo que produz uma "desertificação" de gozo sobre o organismo vivente, fabricando assim o corpo por incorporação da linguagem no organismo — a uma pluralização do gozo operativa, sem dúvida, na constituição de todo *parlêtre*, com as consequências clínicas que isso implica.

É preciso recordar, de passagem, a dupla operação corpo/linguagem. A linguagem, esse incorpóreo que se incorpora no organismo, fabricando o corpo subtraindo-lhe um gozo (suposto gozo do organismo vivente). Além disso, há o giro do seminário *Mais, ainda*, em que Lacan faz da linguagem um meio, um aparato de gozo. Linguagem no corpo e corpo como leito da linguagem articulam-se entre um menos-gozar resultante da primeira operação (recuperado nos mais-gozares da atividade pulsional) e a pluralidade dos gozos localizados no nó.

A *TRIQUE* HISTÉRICA

Abordamos agora o exame da *trique* histérica, escrita nodal para cercar a organização do *parlêtre*, que não se superpõe com o sujeito barrado que Lacan havia situado como agente no discurso da histeria.

É preciso diferenciar o lugar do S barrado no discurso da histeria e a escrita topológica da *trique* histérica (entre dois toros enlaçados).

$$\frac{\$}{a} \longrightarrow \frac{S_1}{S_2} \quad (\#)$$

escrita do discurso da histeria

Parece-me que na escrita nodal ele quer dar conta da articulação daquilo que no discurso histérico se apresenta como vínculo entre $\$$ e S_1.

Nesse sujeito histérico — da perspectiva nodal, ou seja, levando em conta as três dimensões R, S e I —, não se trata somente de considerar o sujeito barrado agente do discurso, mas um que se caracteriza, aqui especifica Lacan, pelo que ele chama de "armadura". Uma *armature* — claramente o termo nos remete a algo que confere uma rigidez ao *parlêtre*, por mais plasticidade que o sujeito histérico possa apresentar fenomenologicamente —, uma espécie de recobrimento do *parlêtre* feito do "seu amor ao pai": Armadura do Amor ao Pai, a que aludiremos por meio da abreviatura AAP, seguindo F. Schejtman.

Nesse seminário 24, Lacan aborda, em parte, a figura clínica da histeria como a de um sujeito enlaçado ao pai, ao amor ao pai — daí o fato de a *trique* histérica ter como referência dois toros enlaçados. Ele especifica que, com esse encadeamento, temos então uma cadeia geracional... Lacan afirma que tudo o que nos ensinaram os casos de Anna O., Emmy von N., E. von R. etc., não passa disto: essa espécie de encadeamento de amor ao pai.

Lacan começa diagnosticando a si mesmo como um "histérico perfeito" (**14 de dezembro de 1976**, S24), mas um histérico sem sintomas. Essa espécie de "histeria perfeita", histeria flexível que não está recoberta pela armadura do amor ao pai, implica, diz Lacan, uma continuidade entre o consciente e o inconsciente, sendo a banda de Moebius a figura da topologia de superfícies apta para figurá-la.

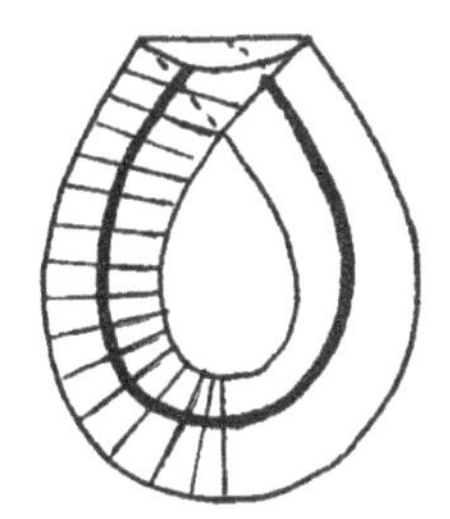

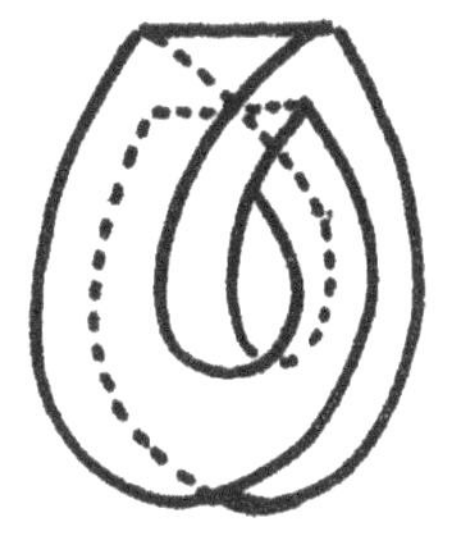

Fig. 14.3. Banda de Moebius da continuidade entre consciente e inconsciente (*fonte:* S24, cópias estenográficas).

No sujeito histérico comum — o imperfeito (digamos assim, em oposição à perfeita histeria de Lacan) —, na histeria rígida, há uma separação (barreira do recalque) entre o consciente e o inconsciente, que caracteriza os seus sintomas-metáforas. A AAP que sustenta o *parlêtre* histérico (que sempre costumamos dizer no feminino, por mais que saibamos que não é patrimônio das mulheres) é inconsciente. O vínculo com o pai produz um encadeamento de natureza rígida. Por isso Lacan utiliza o termo *armadura* para aludir, assim, à dimensão rígida e resistente da histérica.

Essa AAP da ordem do inconsciente aloja o amor pelo pai. A AAP se dá, se forma, no inconsciente. Isso nos coloca um problema, então: afinal, implica a ideia de um "encadeamento" no inconsciente, quando, como havíamos visto, não há encadeamentos no inconsciente. Como entender isso, então, se não pela via do sintoma-metáfora que não remete ao trabalho do inconsciente real, entendido unicamente como enxame de S_1.

Em todo caso, para apresentar a *trique* histérica, Lacan então recorre a um encadeamento entre dois toros, e ele pratica aí a reversão (*retournement*) de um dos toros no outro. Isso corresponde à forma de *trique* apresentada na intervenção de janeiro com a *Fig. 13.9* (p. 25) que repetimos aqui. Trata-se, nesse caso, de uma reversão realizada a partir de uma furagem ou um talho (ver tipo de corte na *Fig. 13.4*, p. 21), e não de um corte transversal.

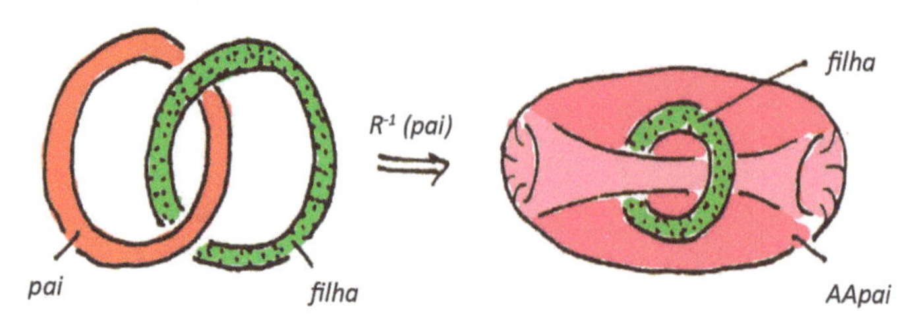

Fig. 14.4. A *trique* histérica: cadeia entre dois toros enlaçados e reversão de um sobre o outro. Corresponde à segunda forma de *trique*.

A histérica se sustenta desse modo nessa AAP. Em todo caso, foi o que as histéricas freudianas "ensinaram".

Lacan fala desse encadeamento em termos de "cadeia das gerações" (ver **14 de dezembro de 1976**) e acrescenta que não há razão alguma para limitá-la a uma cadeia de dois anéis: "não há razão alguma para que isso se detenha [...]".

Pode-se então conceber que se formem cadeias de mais de dois toros, cadeias com mais de dois anéis. Nesse ponto que concerne às operações de reversão de dois ou mais toros encadeados, deparamo-nos com diferenças entre as imagens registradas pelas diversas versões de *L'insu* (S24). Algumas versões remetem claramente a uma cadeia encadeada de maneira olímpica (ver aula de **14 de dezembro de 1976**). F. Schejtman utiliza as imagens da versão em castelhano com a qual trabalha. Como comentamos anteriormente, trata-se da versão publicada no México, com a tradução de Ariel Dilon, intitulada *El fracaso del Un-desliz es el amor* [O fracasso de um-deslize é o amor]. Essa figura também é sugerida na versão Staferla e em algumas estenografias; em contrapartida, não está presente na versão AFI/ALI.

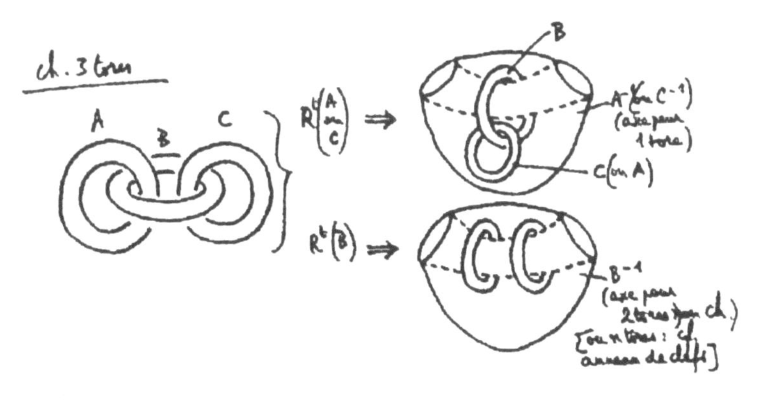

Fig. 14.5. Reversão de 1 toro numa cadeia olímpica com três anéis; o do meio sustenta os extremos. (*fonte:* S24, transcrições)

Parte-se de uma cadeia olímpica com três anéis (A B C) na qual o anel do meio (B) tem, como sabemos, um lugar privilegiado. Já vimos esse tipo de nó em *Passo a passo, vol. 1* (p. 32): se esse anel central (B) é cortado, o nó olímpico se desfaz; por outro lado, se cortamos qualquer um dos extremos (A e C), os outros dois anéis permanecem enlaçados. Podemos conceber a reversão de qualquer um desses anéis, que agora são toros, sobre os outros dois.

Podemos também conceber uma cadeia olímpica com mais anéis; nesse caso, o resultado da reversão será diferente conforme ela se faça sobre um toro de algum dos extremos ou sobre um dos toros internos da cadeia.

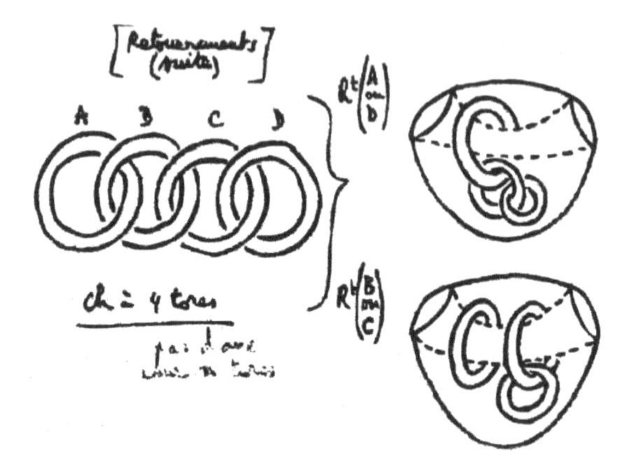

Fig. 14.6. *Trique* com 4 toros enlaçados de modo olímpico
(fonte: S24, transcrições)

Podemos nos interrogar acerca de por que voltar a evocar o nó olímpico para a neurose, quando ele havia sido descartado como típico da neurose. Isso é indicado no que chamamos de “Pré-história do nó RSI”, a primeira parte do nosso programa (ver *Passo a passo, vol. 1*, p. 32).

A histeria como NBo4 em F. Schejtman

Na sua aposta em ir além do que Lacan formulou explicitamente, Fabián Schejtman ensaia uma hipótese: seria possível conceber que, para o sujeito histérico, se trataria de um NBo4 sobre o qual se operaria una reversão?

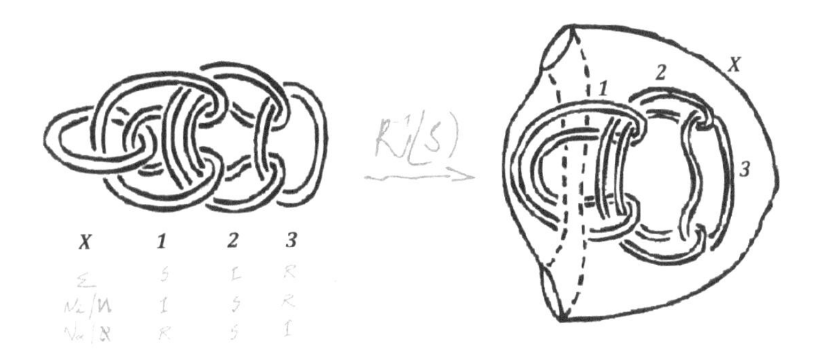

Fig. 14.7. Reversão de 1 anel num NBo4. (FS.*Sth*.219)

Ele formula a hipótese a partir da qual toda estrutura neurótica é um NBo4 — e não um encadeamento olímpico. Esse é um ponto fundamental da sua elaboração sobre o desenvolvimento de uma clínica nodal das neuroses.

O encadeamento do sujeito histérico fica então apresentado como um NBo4 em que o quarto anel — o que opera, então, como *sinthoma* que enodou R, S e I — corresponde à AAP. Esse quarto anel, o *sinthoma*, pode então se reverter sobre os três outros anéis e englobar R S e I em seu interior.

Recordemos que, nas hipóteses de F. Schejtman, o quarto anel — ele o chama de X —, que funciona como *sinthoma*, pode corresponder tanto ao sintoma (nomeação simbólica) quanto à inibição (nomeação imaginaria) ou à angústia (nomeação real). Teríamos, então, os seguintes esquemas:

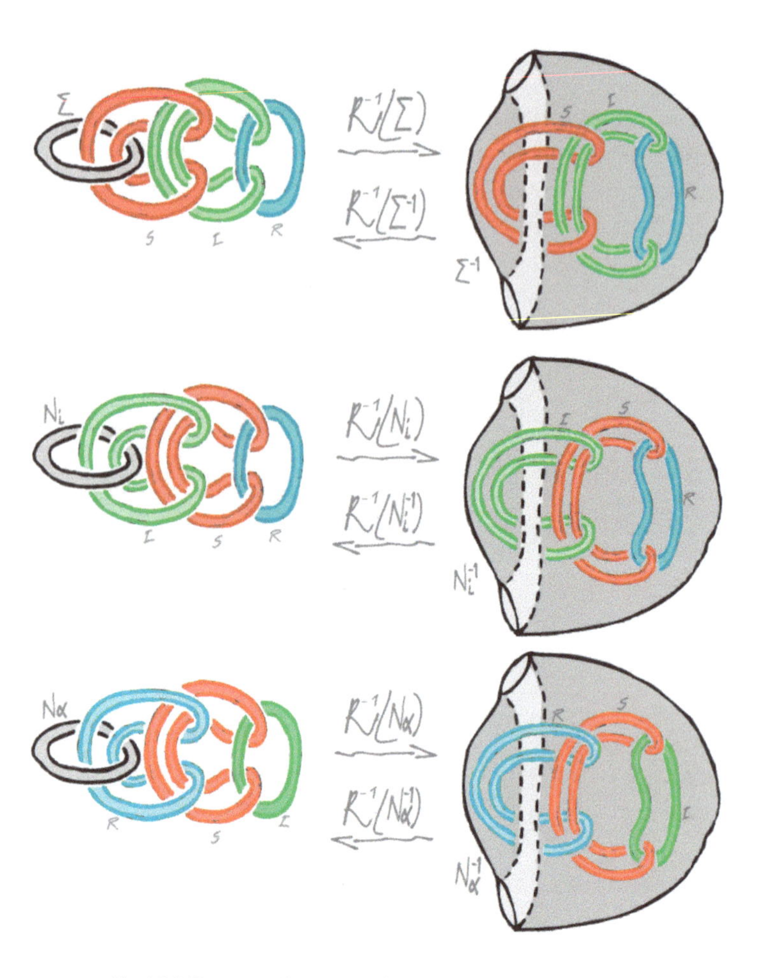

Fig. 14.8. Esquemas da AAP conforme as variantes propostas por F. Schejtman pelo lado do sintoma, da inibição e da angústia.

Desencadeamentos histéricos entrevistos por F. Schejtman

A partir dessas aproximações das formações nodais histéricas, F. Schejtman propõe várias hipóteses de como se poderia, de uma perspectiva nodal, dar conta dos desencadeamentos (das crises) histéricas.

Resumimos aqui o desenvolvimento que ele propõe e que se pode acompanhar com mais detalhes em seu livro *Sinthome, ensayos de clínica nodal* [Sinthoma, ensaios de clínica nodal] (pp. 220-224). Schejtman se ampara no fato de que, ao seccionar — mediante um talho — o toro revertido de uma cadeia NBo3 num sentido ou no outro, obtêm-se efeitos distintos (*Momento de concluir*, **13 de dezembro de 1977**). Lacan nos mostra aí que uma "secção concêntrica" (longitudinal) solta todos os anéis da cadeia, ao passo que uma "secção perpendicular" (transversal) mantém o encadeamento borromeano.

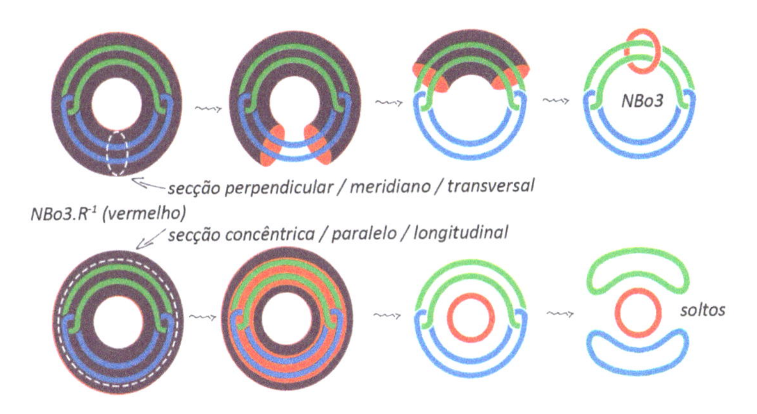

Fig. 14.9. Distintos efeitos da secção *concêntrica* e da *perpendicular* no toro revertido de um NBo3.

Para uma clínica das diversas modalidades de "crises" histéricas é preciso, se seguimos as hipóteses de F. Schejtman, distinguir qual tipo de corte se produziu e onde ele se realiza, visto que cada um desses cortes pode ter efeitos bem diferentes.

É o que F. Schejtman faz quando se apoia nessas diferenciações para implementar uma clínica diferencial da histeria e suas crises (FS.*Sth*.220-225). Cito:

> Por essa via se poderia começar a propor uma clínica diferencial das crises histéricas que seja muito simples, construída, em principio, a partir da consideração do valor do acontecimento que as dispara, que aqui se abordaria em função do tipo de corte que se produza no quarto anel que envolve os três registros: distingo entre o desencadeamento da histeria proveniente da comoção radical que a armadura do amor ao pai sofre por um corte — longitudinal — que implica a soltura dos registros e a crise mais moderada em que aquela se vê afetada por um corte menos drástico — transversal —, que não desfaz o enodamento. (FS.*Sth*.222)

Nessa linha, ele propõe uma "clínica diferencial das crises histéricas que seja muito simples", não partindo de um NBo3, mas a partir da AAP da histérica, da sua cadeia com a armadura AAP — ou seja, partindo de um NBo4 revertido em seu *sinthoma*.

Assim se podem implementar variantes a partir dos diferentes cortes (secções) de um ou outro dos toros envoltos na cadeia, que dariam conta de distintos estados histéricos, desde suas crises menores até formas mais graves de loucuras histéricas.

Porque, com efeito, o destino do que permanece dentro do toro do AAP revertido é variável.

As crises menores seriam aquelas produzidas por cortes em R, S ou I (visualizá-lo na *Fig. 14.8*, p. 52). Nesses casos há um desencadeamento, um desenodamento dos três registros, que no entanto permanecem "envoltos" pela armadura AAP.

Para a loucura histérica, por outro lado, ele propõe uma variante na qual a AAP tem dois furos (talhos), de modo que I e R fiquem envoltos por AAP enquanto S fica fora.

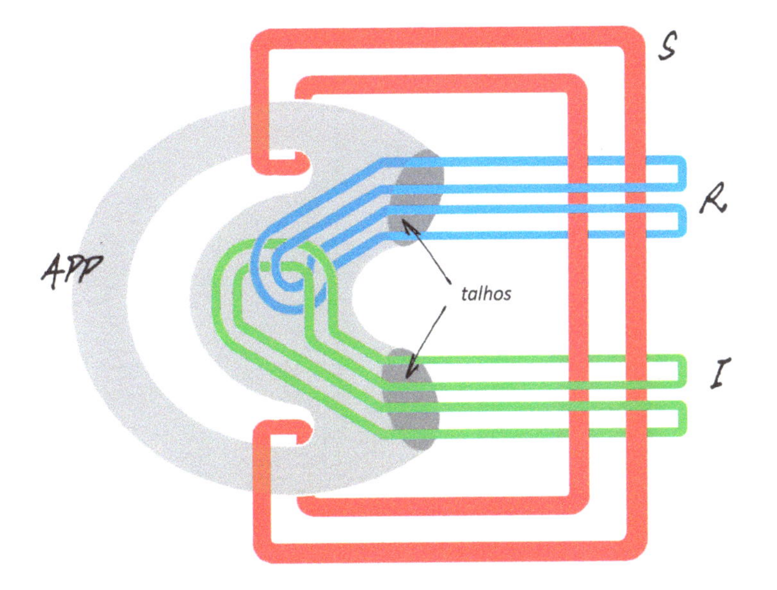

Fig. 14.10. AAP perfurada em duas partes proposta por F. Schejtman para a "loucura histérica". (FS.*Sth.*224 redesenhada por J. Chapuis)

Nessa figura, um corte em R ou I (loucura histérica) desencadeia toda a estrutura. Em contrapartida, um corte em S mantém R e I enlaçados com a AAP num enodamento borromeano com 3 cordas.

De qualquer forma, tudo isso apresenta o interesse de desfraldar as possibilidades que se podem abrir no desenvolvimento de uma possível clínica diferencial dos estados do sujeito histérico. F. Schejtman vai mais longe e também propõe — coisa que Lacan nunca fez — um enodamento específico para o obsessivo (ver em FS.*Sth.*220-225).

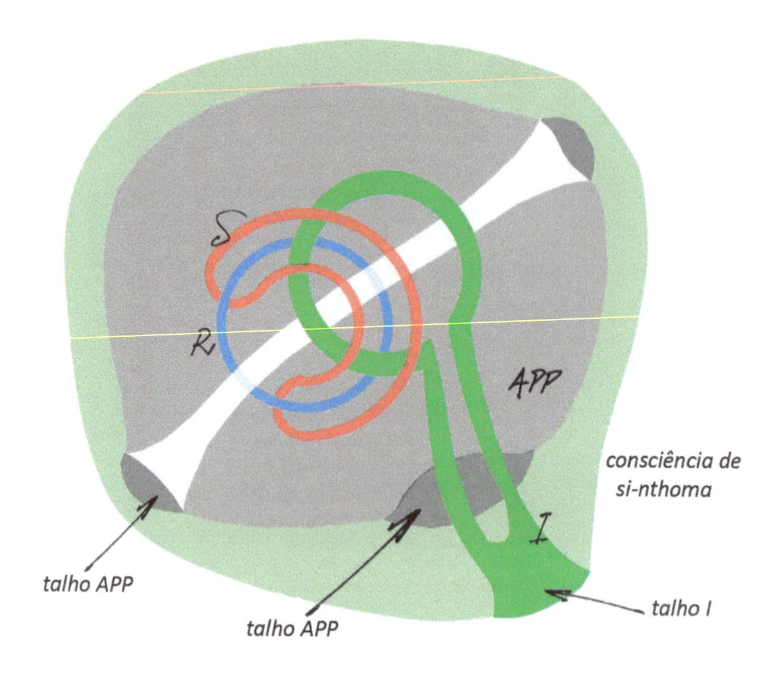

Fig. 14.11. AAP para a neurose obsessiva com um orifício pelo qual I escapole em sua reversão. (FS.*Sth.*227 redesenhada J. Chapuis).

Levando em conta que o núcleo de toda neurose obsessiva é, no fim, histérico, Schejtman nomeia "consciência de *si-nthoma*" a "chave do *sinthoma*" na neurose obsessiva. Para as crises da neurose obsessiva, ele propõe não apenas uma reversão do *sinthoma* (como APP), mas que, além disso, seria preciso conceber também uma reversão do toro I, do imaginário.

15 | *Sinthoma*, inconsciente, real

Março de 2019

Destino da noção de *sinthoma*:
– Escolha forçada (?) entre loucura e debilidade mental
– O *sinthoma* e sua relação com *l'Une-bévue*
Retorno à histeria
A superfície de Boy

Destino da noção de *sinthoma*

Iniciamos esta terceira intervenção retomando uma questão levantada já em janeiro (lição 13) e que havíamos deixado em suspenso:

Onde foi parar a noção de *sinthoma* nos últimos seminários de Lacan? — ou seja, depois do seminário 23.

Essa noção de *sinthoma* estava bem estabilizada e havia ganhado uma operatividade clínica, ao menos para o caso de Joyce, no S23. Seguindo os passos de F. Schejtman, fizemos com que ela entrasse também em jogo na abordagem das neurose em sua variedade: o *sinthoma* de acordo com o sintoma, a angústia ou a inibição.

Porém, depois de Joyce, Lacan não apresenta mais casos clínicos e não desfralda a incidência clínica do *sinthoma*. Apostar numa clínica borromeana implica, portanto, ir além de onde Lacan foi? De certo modo, sim... sem perder o seu rastro, voltar a abrir os sulcos da formalização nodal. E chegar a um uso prático dela, conectando-a com a clínica.

Não encontramos em Lacan uma clínica borromeana plenamente desenvolvida, longe disso, embora o caso Joyce seja paradigmático para a abordagem da construção da noção de *sinthoma*. F. Schejtman se interroga, e nós com ele, acerca de qual o destino da diferença entre sintoma e *sinthoma* a partir do seminário 24, *L'insu*.

Nós nos deparamos com um problema, pois as versões orais não ajudam a discernir quando Lacan fala de sintoma e quando ele fala de *sinthoma*, exceto quando o próprio Lacan explicita claramente que utiliza a sua nova grafia com H: *sinthoma*. Ou seja, que ler sintoma ou *sinthoma* depende — ao que me parece — do partido que tomamos em relação a esse diferencial de escrita.

Em *Passo a passo, vol. 2*, tomamos partido em favor do que foi levantado por F. Schejtman e também por Colette Soler — ao menos em seu trabalho sobre Joyce —, em favor de uma clara distinção do uso dessas duas escritas.

O sintoma (escrita clássica) remete ora ao sintoma como metáfora, ora como letra enquanto função de gozo. Em contrapartida, o *sinthoma* (com H) se refere a outro tipo de função, a uma função de enodamento, a uma nomeação que repara um lapso do nó, particular a essa ou aquela configuração subjetiva do *parlêtre* a partir do lapso originário relacionado com o axioma lacaniano da impossibilidade da escrita da relação sexual: o *sin*, o pecado original, o lapso originário, como recordado em mais de uma ocasião.

F. Schejtman localizou três referências do termo *sinthoma* nesse último período.

1. O *sinthoma* é uma "debilidade", "mental", e Lacan afirma que "estamos diante de uma escolha: ou loucura ou debilidade mental". Isso remete à alternativa: estamos num desenodamento total ou parcial de R, S e I, ou num bem determinado enodamento desses três registros que não deixa de provocar certo adormecimento — que Lacan qualifica então como *debilidade mental*. Debilidade mental? O que isso quer dizer, senão debilidade mental diante do real?

2. Encontra-se uma referência que vincula o *sinthoma* com *l'Une-bévue*, que já especificamos como novo nome do inconsciente proposto por Lacan e que remete à dimensão real do inconsciente. *L'Une-bévue* remete a esse "deslize", a esse tropeço, mais próximo de um desenodamento que do enodamento assegurado pela função do *sinthoma*.

3. A oposição sintoma/*sinthoma* é bem formulada certa vez por J. Lacan, em **10 de maio de 1977** (S24), momento em que Lacan explicita estar falando de *sinthoma* — e para que não haja dúvida, ele o soletra em francês.

Agora vamos comentar essas três referências seguindo Schejtman (ver FS.*Sth*.67-ss.).

Escolha forçada (?) entre loucura e debilidade mental

Em **11 de janeiro de 1977** (S24), Lacan afirma que estamos diante de uma escolha (forçada, sem dúvida): ou loucura ou debilidade mental. A que tipo de alternativa Lacan se refere? Isso pode ser interpretado em termos de

— *desenodados*, o que supõe perturbações que vão desde a gama do autismo, passando pelas diversas formas de psicose, até leves perturbações da *realidade*. Digamos que elas remetem a estados de "crise" que podem ser mais ou menos permanentes.

— ou *enodados*, com o recurso de uma consistência que assegura o enodamento R, S e I. Para as neuroses em geral, um nó borromeano com quatro (NBo4). Borromeano, no caso das neuroses; de outro tipo, no caso da psicose (configurações nodais com presença de enlaces ou de colocações em continuidade de diversos registros).

Pode-se, então, interpretar que as formas de *enodamento* supõem uma estabilidade que pode nos remeter a certo estado de homeostase. A uma forma de "adormecimento", digamos, se falamos disso em contraste com o "despertar" que o encontro traumático com o real supõe. Com efeito, adormecidos em relação a que, senão ante o "real"? Real que, por outro lado, convocamos como orientação da nossa prática.

Em **10 de maio de 1977**, Lacan afirma categoricamente: "*tout ce qui est mental je l'écris S.I.N.T.H.O.M.E*". Lacan soletra em francês: S.I.N.T.H.O.M.E. Não há dúvida, pois, de que ele associe o "mental" com a função de enodamento do *sinthoma*. Por fim, a enfermidade própria do mental consiste no fato de que o inconsciente não se desperta.

Há um despertar? Se sim, como dissemos em mais de uma ocasião, ele só é obtido num estado, por assim dizer, muito fugaz — costuma-se invocar uma espécie de epifania. É só esvaziado de todo sentido que podemos capturar algo do real.

Por que o *sinthoma* seria sinal de debilidade mental? Ora, porque ele adormece! Por outro lado, a debilidade reside também em fazer presente a relação sexual sempre e unicamente de maneira *sinthomática* — e apoiando-nos sempre em alguma versão do pai, no caso das neuroses.

O que não impede localizar estados de des-enodamentos na neurose. Ademais, podemos verificar que por trás de toda demanda de análise há algo de uma crise que está levando a um des-enodamento, seja pela emergência de um sintoma, uma inibição ou uma angústia — não em sua função de enodamento, mas, ao contrário, em seu poder de colocar em questão um enodamento que até então funcionava e sustentava o *parlêtre*. É enquanto *desestabilizado* que alguém recorre à consulta de um analista — e, é claro, a outros tipos bem variados de terapias de diversas ordens. Podemos, então, verificar que toda demanda de análise é resultado de certo desenodamento. Por isso resulta tão importante, nas entrevistas chamadas "preliminares" de uma eventual análise, localizar qual o acontecimento, quais as circunstâncias que provocaram a solicitação de uma consulta a um analista. Por que nesse ou naquele momento, e não em outro, por exemplo? O analista — que, como bem se insistiu, é um *sinthoma* — vem, desse modo, ocupar este lugar do analista/*sinthoma*, que vem suplementar com as suas presença e intervenções um determinado tipo de enodamento. O encontro com um acontecimento traumático sempre coloca em questão as soluções *sinthomáticas* — digamos, o estado "normal" do *sinthoma* — que, até então, haviam funcionado: as abala, *des-estabiliza* as soluções anteriores.

Como já se insistiu em mais de uma ocasião: onde "não há", suplementa-se com uma relação *sinthomática*. O *sinthoma* — afirma Lacan — é uma espécie de "*dieu-lire*", ele faz "*dieu-lire*", delírio, deus-leitura, versão religiosa que adormece. Assim se coloca uma nova ênfase sobre o *sinthoma*: não em sua função reparadora, mas na função adormecedora que ele implica (sempre em contraste com o "encontro com o real").

Onde "não há relação/proporção sexual", como comentamos mais de uma vez, pode emergir a relação — ou, como preferimos dizer, o vínculo, o laço *sinthomático*. Em *Passo a passo, vol. 2*, tratamos isso extensamente a partir do pseudo-nó trifólio, situando a possível variedade de seus reparos: *não sinthomáticos* (fantasísticos) e *sinthomáticos*.

Com frequência se analisa a época atual como um estado da civilização no qual, devido ao chamado declínio do pai, estaríamos mais confrontados a um real que se libera facilmente, a um desencadeamento que não assegura a permanência da solução borromeana clássica da neurose pela via do pai, da "*père-versão*". Versão que Lacan às vezes qualifica como "nó *pépère*", nó confortável... é frequente na linguagem comum escutar, hoje em dia, as pessoas manifestando um desejo de "se manterem" em suas zonas de conforto...

Fica, como sempre, em aberto o debate acerca dessa análise do "estado atual da civilização"...

Se o *sinthoma* foi formulado como uma qualidade positiva, por assim dizer, de enodamento necessário para o *parlêtre*, Lacan enfatiza agora a sua propriedade homeostática como algo um tanto "negativo": por sua proximidade com o principio do prazer, não é favorável o confronto com o real, do qual nada se quer saber.

Quanto ao termo "loucura", ele sem dúvida pode recobrir um amplo campo de fenômenos. Por exemplo, associando loucura com liberdade, como havia feito bem no início do seu ensino (ver "Formulações sobre a causalidade psíquica"), é evidente que ele não remete unicamente, longe disso, ao campo do que é diagnosticado como "psicose".

Lacan menciona Joyce — num texto posterior a *O sinthoma*, em 1976, no seu "Prefácio à edição inglesa do *Seminário 11*"— como esse exemplo da "mais simples consequência de uma recusa, que não poderia ser mais mental, de uma psicanálise [...] em sua obra, ele [Joyce] a ilustra" (*Outros escritos*, p. 569). O que, da perspectiva da escolha que estamos abordando, implica, como assinala F. Schejtman, que por fim Joyce conseguiu, de fato, estar bem enodado!

Da perspectiva nodal não se aponta, então, para nenhum despertar. Não obstante, a análise pode nos conceder uma apreensão sobre a maneira como eventualmente escolhemos seguir dormindo. Em **10 de janeiro de 1978**, em *Momento de concluir* (S25), Lacan chega inclusive a afirmar que "a análise não consiste no fato de que se esteja liberado de seus sintomas/sinthomas [...] mas que se saiba por que [como] a pessoa está enredada — baralhada — neles". Mas essa afirmação nos causa problemas, visto que o sentido permanece flutuando: ele se refere aos seus sintomas (baralhado em seus sintomas) ou aos seus "sinthomas"? No nó do seu *sinthoma* — e, eventualmente, dos *seus sinthomas* —, visto que um *parlêtre* pode, no decorrer da vida, oscilar entre uma e outra solução *sinthomática*.

Parece-me que podemos afirmar que ele se refere mais especificamente aos sintomas, enquanto fator de gozo, e a suas repetições (o que não cessa de se escrever); esse sintoma que contém em seu núcleo de gozo um "incurável".

É preciso, apesar disso, assinalar que essa propriedade de "homeostase" do *sinthoma* não forçosamente remete a um estado de bem-estar, visto que há soluções *sinthomáticas* bem onerosas, e que inclusive podem ser bem funestas! Sujeitos bem enodados... funestas, em particular para a sociedade, pela sua influência nos laços coletivos; ou, de maneira mais restrita, pelos mal-estares, e inclusive pelos maus tratos que podem infligir a quem está próximo.

O *SINTHOMA* E SUA RELAÇÃO COM *L'UNE BÉVUE*

Continuamos com o comentário seguindo F. Schejtman. Já dissemos que *L'une bévue*, enquanto transliteração do *Unbewusste* freudiano, se propõe como um novo nome do inconsciente. Decerto não se trata apenas de mais um nome, mas de uma mudança de perspectiva na consideração do estatuto do inconsciente. Lacan "retifica", por assim dizer, a concepção do inconsciente estruturado como uma linguagem. Não quer dizer que ele abandone essa dimensão do inconsciente, mas que abre o inconsciente a uma nova dimensão, sua dimensão real. De maneira explícita no S21, em **11 de dezembro de 1973**, ele faz sua "autocrítica" (ver a citação que privilegiamos nitidamente em *Passo a passo, vol. 1*, pp. 56-ss.). O inconsciente é um lugar em que só há um enxame de significantes (de S_1 não encadeados a S_2), que, quando muito, mantêm entre si relações de vizinhança, o que se manifesta nos equívocos de uma *lalíngua* — por exemplo, em francês: o equívoco entre *deux* (dois) e *d'eux* (deles), mencionado muitas vezes por Lacan. O Inconsciente "*une bévue*" nos remete a uma espécie de deslizamento, uma espécie de "derrapagem", ao deslize de palavra em palavra. Por fim, *l'Une-bévue*, esse tropeço — é essa a leitura de F.S., e nós a endossamos — é certamente mais próximo de um desencadeamento que do encadeamento assegurado pela função do *sinthoma*. A emergência de *l'Une-bévue* desenoda... Ela, sim, pode então produzir certo "despertar", nem que muito pontualmente...

Essa equivocação, esse deslize de *l'Une-bévue* não remete a um tratamento do que falha — tal como o *sinthoma* o faz. Muito pelo contrário, ela se instala bem no lugar da falha como tal... isso que aprendemos até agora, em nosso vocabulário, a situar (ver *Passo a passo, vol. 1*) como o "lapso" do nó. *Des-enodamento*, portanto? O "*laps*" do "Prefácio..." de 1976?

Temos então uma forma de contraponto entre *l'Une bévue* do inconsciente e o inconsciente concebido como concatenação, articulação, cadeia de significantes. *L'Une bévue* distingue-se assim do Inconsciente-linguagem (ver C. Soler, *Lacan, o inconsciente reinventado*) que enoda, via associação, a cadeia de S_1–S_2 que sempre tende à produção de significação e sentido.

Assim concebido, portanto, *l'Une-bévue* está mais próxima da produção de um desenodamento. Se a produção de *l'Une bévue* desenoda, trata-se de *Um Inconsciente* mais "enlouquecedor", no sentido em que examinamos antes a escolha entre *Loucura e Debilidade mental*.

Em **15 de fevereiro de 1977** (S24), Lacan enfatiza a função redutora do inconsciente e afirma: "O inconsciente é justamente o que faz algo mudar, o que reduz o que chamo de *sinthoma*; *sinthoma* que escrevo com a grafia que vocês sabem". O inconsciente reduz, então, o *sinthoma* (com H).

Em RSI já ficava claro que a redução — via interpretação — era, em contrapartida, a do sintoma. Seria o caso, então, de uma espécie de dupla operação de redução: a do sintoma em sua função de gozo e a redução do *sinthoma*, com "H"?

O que pode querer dizer uma redução do *Sinthoma*? Como se pode falar em redução, quando se trata "de um enodamento"?

Sem dúvida podemos conceber uma modificação do *sinthoma*; por exemplo, como o próprio efeito de uma análise ou de encontros contingentes na vida de um *parlêtre*. Podemos propor operações de transformação das soluções sinthomáticas.

Mas, antes mesmo, o *Inconsciente-l'Unebévue* é algo que vai "contra", por assim dizer, as soluções *sinthomáticas* adormecedoras.

Por outro lado, o *Inconsciente-l'Unebévue* teria um efeito sobre o *sinthoma*, sobre a solução *sinthomática*. É nesse sentido que se pode entender o termo "redução", talvez. Mas de que maneira *l'Une-bévue* opera essa redução?

Algo disso poderia ser lido na diacronia de um tratamento, porque a operação de "redução" de *l'Une-bévue* sobre o *sinthoma* se faria evidente... no psicanalisado.

L'Une-bévue faria, desse modo, tropicar o *sinthoma*, esse encadeamento sinthomático que permanece fora da análise, na via da fantasia, e mantém a ilusão de um Outro não barrado e da existência de seu gozo — esse gozo do Outro, geralmente encarnado na figura do pai, da mulher etc.

Em **17 de maio de 1977** (S24), Lacan oferece uma precisão sobre como essa *bévue* opera na redução do *sintoma*: Lacan evoca o efeito da poesia, e também o efeito do chiste... que produziriam esse significante novo — melhor dizendo, esse novo uso do significante — "que não tivesse nenhuma espécie de sentido", como o que poderíamos esperar de uma análise. Isso o leva ao intento de dar um tratamento nodal — a propor figuras de toros, como veremos mais adiante — do que poderia ser a configuração topológica de uma interpretação adequada nesse sentido de desconstrução do sentido.

Acaso *l'Une bévue* corresponderia a uma espécie de interpretação própria do inconsciente? Como na poesia... no chiste, é *l'Une bévue* o que produziria esse novo uso do significante, "que não tivesse [...] nenhuma espécie de sentido" (precisa Lacan em **17 de maio de 1977**, S24).

Sintoma / *Sinthoma*

Nessa época do último período de seu ensino "nodal", quando é que Lacan distingue claramente entre sintoma e *sinthoma*?

Já salientamos que, na lição de **10 de maio de 1977**, ele afirma que "*tout ce qui est mental je l'écris S.I.N.T.H.O.M.E*" (tudo o que é mental, escrevo S.I.N.T.H.O.M.A), soletrando o termo para deixar bem claro que está falando de *sinthoma* com H (ver p. 60).

Um ano depois, ele explica em detalhe, no discurso de encerramento do 9º Congresso da EFP, em **9 de julho de 1978**: "Por que [...] escolhi esta escrita: S-i-n-t-h-o-m-a? Seria um pouco demorado explicar isso pra vocês [...]"

Em francês, um *symptôme* (sintoma) evoca, por sua etimologia, algo que cai (*ptoma*), "o que cai". Um *sinthoma*, como função de enodamento, por outro lado, não está vinculado a nenhuma queda... O *sinthoma*, como a esta altura já sabemos, remedia, repara, corrige, não é algo "que cai".

O sintoma (sem H), ao contrário, é a marca do encontro contingente com um real, o real da não relação sexual (o trauma).

O sintoma (sem H) grita — seguindo as expressões de F.S. —: não há relação! O *sinthoma* (com H) responde fazendo... "laço", *sinthomaticamente.* O sintoma (sem H) provém do azar, é um efeito direto do trauma.

Em **17 de fevereiro de 1976** (S24), a noção de *sinthoma* (com H) estava, como dissemos, estabilizada. Mas Lacan, não tendo continuado com o "uso" clínico da noção de *sinthoma*, haverá então de colocar à prova o seu uso na clínica. Clínica a ser feita...

Como já assinalamos, apostar numa clínica borromeana — tal como pretende F.S., por exemplo — implica, de algum modo, ir mais longe de onde Lacan chegou? De certo modo, sim... Sem perder o seu rastro, voltar a abrir os sulcos da formalização nodal e entendê-la; ou talvez, melhor dizendo, dela fazer um uso prático conectando-a com a clínica. Ou será que a deixaríamos cair para sempre? O futuro dirá.

Em todo caso, apesar de essa última parte do ensino de Lacan não nos oferecer, de maneira muito precisa, novas perspectivas para a distinção entre sintoma e *sinthoma*, nós mantemos a diferença que já salientamos ao longo do nosso *Passo a passo*, distinguindo entre o sintoma e sua face real (de gozo, função de gozo) e o *sinthoma* como elemento que enoda: quarto anel ou consistência "a mais" que enoda. Mantemos, pois, a aposta de distinguir claramente o sintoma e o sinthoma.

Uma vez mais: o real

Demos mais uma volta sobre alguns pontos relacionados com a noção de real. Eles já foram expostos, mas, correndo o risco de me repetir, servirão para tentar cercar um pouco mais o suporte topológico da noção.

1) Por que passar do redondel de corda ao toro?

Tem a ver com o Real e com o corpo. Em **8 de março de 1977** (8ª lição de *L'insu*), Lacan diz que o curso de Pierre Soury lhe sugeriu que "os redondéis de corda não se sustentam, é necessário algo mais". Já em **18 de janeiro de 1977** (5ª lição), ele havia adiantado que "o real estaria suspenso muito especialmente ao corpo". Em **11 de janeiro de 1977**, referindo-se ao real, ele fala em "*l'âme à tiers*" (alma-trina): um jogo de palavras que implica uma referência ao terceiro e à alma e que evoca, ademais, por ressonância, o termo "matéria". Por homofonia, "l'âme-à-tiers", a *matière*, a matéria.

Há uma razão forte para passar do redondel de corda ao toro, da *corde* (corda) ao "*corps de*" (corpo de): introduzir a consistência tanto de R como de S, muito embora se trate de uma "propriedade" intrínseca ao registro I.

2) Como se engendra o real?

Em **8 de fevereiro de 1977** (5ª aula), ele oferece uma figura para explicar o estreito vínculo entre o real e o imaginário. Expressa-se nestes termos: "com um único traço, figurei o engendramento do real, e que esse real se prolonga, em suma, pelo imaginário, sem que se saiba muito bem onde o real e o imaginário se detêm."

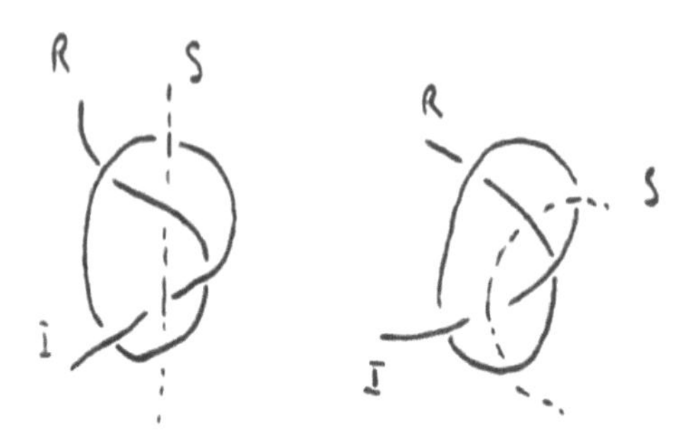

Fig. 15.1. RSI com RI em continuidade (*fonte:* S24, transcrições, 08/02/1977).

De toda forma, vemos a dificuldade que isso apresenta, o corpo sendo tão somente um apêndice da vida — apêndice que tem, para nós, essa sensibilidade específica que faz com que "se goze" (mas não sem vínculo com lalíngua meio/aparato de gozo). A referência à vida não deixa de nos confrontar com uma dificuldade no que concerne a poder dizer o que a vida é.

3) Lacan recorre ao Um para falar do Real, salientando que assim se introduz um mínimo de sentido. A própria ideia de que o real "exclui todo tipo de sentido" nos "leva a nem sequer dar a ele o sentido do Um"; porém, é necessário

"agarrar-se a alguma parte", e essa lógica do Um é o que nos resta como ex-sistência (**8 de março de 1977**, 8ª lição).

Há uma aposta, portanto, no lado da escrita. O real é sem sentido, mas se pode apostar numa "escrita" do real. Escrever algo do real, e tratar de esvaziá-lo ao máximo de todo e qualquer sentido. Ainda que seja introduzindo um mínimo de sentido ao tratá-lo como Um.

A materialidade da análise se sustenta por meio dessa concepção do real, a única que permitiria sair dos semblantes da palavra e dos discursos.

Ainda em **8 de março de 1977** (5ª lição), Lacan afirma com insistência: "Insisto em precisar essa noção que tenho do real. [...] há uma face pela qual esse Real se distingue do que está — para dizer o termo — enodado [...] essa noção do real que avento tem algo de consistente [...]".

Só se obtém essa consistência do real enquanto referido às outras consistências: de I e de S.

Quando há *des-enodamento*, o real vira fumaça, desvanece em "*poussière de tore*" — pó ou poeira de toro, diz Lacan, como já mencionamos.

4) Posição extrema sobre o real.

O real só se liga por uma estrutura de nó: "*C'est là une position extrême*". Eis aqui uma posição extrema do real: o mínimo de sentido que podemos outorgar a ele é o de ser Um.

No mesmo **8 de março de 1977** (8ª lição), Lacan confessa sentir-se incomodado por "[...] tê-lo entretido/mantido nessa espécie de extremo [posição extrema] que é exatamente o contrário da nossa prática".

Acaso a interpretação seria tão somente efeito de sugestionamento? Já nos centraremos em ver como Lacan aborda a interpretação para, precisamente, assegurar um efeito de real e sair assim do campo do sugestionamento, ou então do campo do círculo "religioso entre *sinthoma* e simbólico". Neste contexto do nosso *Passo a passo, vol. 3*, examinaremos a formalização para distinguir diversos estatutos da palavra que Lacan propõe partindo da operação de furar dois toros.

A partir disso ele procura discernir uma interpretação tal que se possa afastar o máximo possível de todo efeito de sentido para privilegiar um efeito de furo. Efeito de furar que já havia localizado como sendo uma das funções da letra. A função da letra implica um duplo efeito: efeito de sentido e efeito de furo (ver p. 128 e p. 129).

Trata-se de uma des-construção dos próprios semblantes da análise e do risco que isso implica? É, ou não, um passo que nos abre novos horizontes da prática analítica?

5) O real fala?

Se o sintoma fala, se o isso fala, se a verdade fala: "*Moi a vérité je parle*"... o real não fala. Por isso tanto lhe convém o silêncio... não, decerto, o silêncio da inibição, nem o da falta de saber, nem aquele que se produz porque se crê já ter dito tudo... Trata-se de um silêncio, digamos, radical.

Podemos manter a ideia, proveniente de Freud, de que no inconsciente há um saber; porém, quanto ao Inconsciente-Real, trata-se de um "saber no real" — Lacan fala, inclusive, de um "saber absoluto". Poderíamos então falar de um saber "verdadeiro"... Mas atenção! Tem um probleminha: não há sujeito que possa ter acesso a esse saber!

Retorno à histeria: rígida e flexível

Voltamos à abordagem topológica da histeria a partir do momento em que Lacan qualifica a si mesmo como um "perfeito histérico". Ele distingue, então, entre a histeria neurótica, presa na Armadura do Amor ao Pai (AAP) — que ele qualifica de "histeria rígida" — e a histeria, digamos, não neurótica, com ausência da AAP e, por conseguinte, ausência também dos típicos sintomas histéricos — uma histeria "flexível".

Ocupar-se da histeria tem sua relação com a identificação, visto que, no caso da histeria, o que está no núcleo da sua histeria é uma identificação: porém, uma identificação não com o sintoma, mas uma identificação com o sintoma de outrem. No caso, uma identificação a outra mulher como *partenaire*/sintoma de um homem. Isso, se não o invalida por completo, torna dificultoso o encontro corpo a corpo (daí M. Bousseyroux falar do sujeito histérico como quem "encarna o exílio da não proporção/relação sexual" (MB.*Pen*.216).

Como já adiantamos (p. 46), Lacan, nesse contexto de abordagem da histeria, começa por um estranho diagnóstico de si mesmo: ele se qualifica como um histérico perfeito. Por que perfeito? Porque carece de todo sintoma histérico. Se é um perfeito histérico é porque, para ele, consciente e inconsciente se mantêm em continuidade, continuidade que tem a forma da banda de Moebius.

Como continuação, J. Chapuis propõe: uma banda de Moebius, que é aquela que coloca em continuidade os dois furos do toro.

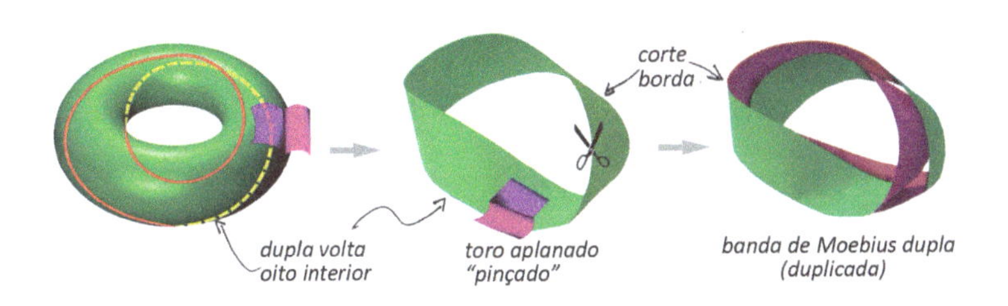

Fig. 15.2. Corte dupla volta (em oito) no toro para obter banda de Moebius dupla (imagem a partir do *Guia topológico* Chapuis/Cevasco).

Visualizemos a operação remetendo-nos à que é descrita em "O aturdito" e que J. Chapuis especificou bem detalhadamente no *Guia topológico para O aturdito* (p.

22), e que retoma aqui para ilustrar o que foi apresentado no S24. Naquele texto, a operação prossegue até alcançar o *cross-cap* (fantasia) acrescido da *rondelle* (rodela esférica) do objeto *a*.

Deve-se perceber — aclara J. Chapuis — que a primeira operação topológica que se apresenta em “O aturdito” é uma determinada forma de aplanar o toro cujo resultado é, precisamente, essa banda de Moebius duplicada (vale dizer que uma banda de Moebius duplicada é um toro).

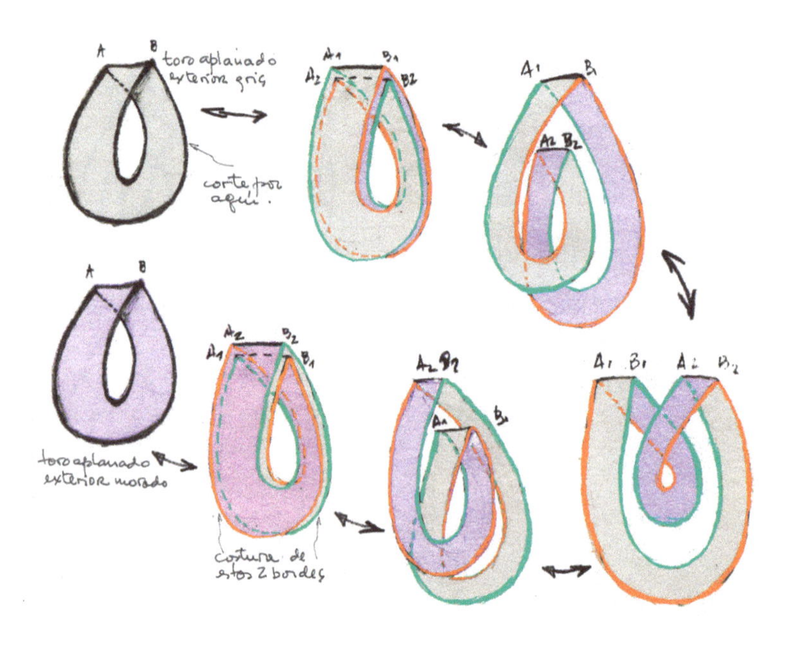

Fig. 15.3. Reversão de um toro por corte em oito passando pela banda de Moebius duplicada e costura invertendo suas duas bordas (S24, 21/dez./1976).

Já vimos que Lacan fala dos sintomas histéricos — aqueles ensinados pela série das histéricas... freudianas — como uma identificação inconsciente ao amor pelo pai (ou melhor, amor pelo pai morto, pai simbólico). Nesse contexto, Lacan apresenta o Inconsciente como uma reversão: Inconsciente = Reversão!

Ele explica que a diferença entre a histérica e ele está no fato de que ele, "por força de ter um inconsciente [no qual pensa dia e noite], unifica-o com seu consciente".

Por isso ele diz que comete poucos lapsos, exceto de vez em quando; quando, por exemplo, diz a uma senhora no restaurante: a senhora está "condenada" a comer só "*écrevisses à la nage*" (caranguejos de rio em seu caldo, um prato local) — digamos, "camarões com alho", para ficar mais perto de uma receita espanhola...

Nessa maneira de se diagnosticar, vê-se que Lacan — mencionando a banda de Moebius — não se separa da sua "Proposição de 9 de outubro de 67", que voltamos a encontrar em "O aturdito", onde o fim da partida — como se expressa Michel Bousseyroux — é pensado a partir da fantasia e do objeto *a*, e não a partir do sintoma/*sinthoma*.

A superfície de Boy

Esse itinerário pela histeria, e pelo autodiagnóstico com o qual Lacan se qualifica, nos dá pé para introduzir — não sem dar um salto para o seminário 25 — um novo itinerário topológico. Dessa vez, pela topologia das superfícies com a abordagem da superfície de Boy, à qual M. Bousseyroux nos inicia com um detalhado resumo dos três encontros de Lacan com o matemático J.-P. Petit. M. Bousseyroux sugere que, com essa figura da topologia das superfícies, Lacan mantém as suas duas propostas para o final de análise: a proposta moebiana e a nodal.

Em *Momento de concluir* (S25), já haviam ocorrido suas três entrevistas com Jean-Pierre Petit (um prolífico cientista, matemático e físico, interessado em astrofísica e também em extraterrestres), encontros que M. Bousseyroux nos relata detalhadamente em seu *Pensar el psicoanálisis con Lacan* [*Pensar a psicanálise com Lacan*] (editado pela S&P em 2019).

Ocorrem três encontros entre Lacan e Petit, em julho e setembro de 1979, nos quais Lacan percebe a importância de uma nova superfície topológica: a superfície de Boy, figura topológica que finalmente lhe parece um melhor suporte que o *cross-cap*.

Bousseyroux diz estar seguro de que, se Lacan tivesse continuado seu ensino, teria recorrido a essa superfície e a teria colocado na borda do vaso do seu dispositivo do espelho (em vez do *cross-cap*, como faz em seu seminário 10 sobre *A angústia*).

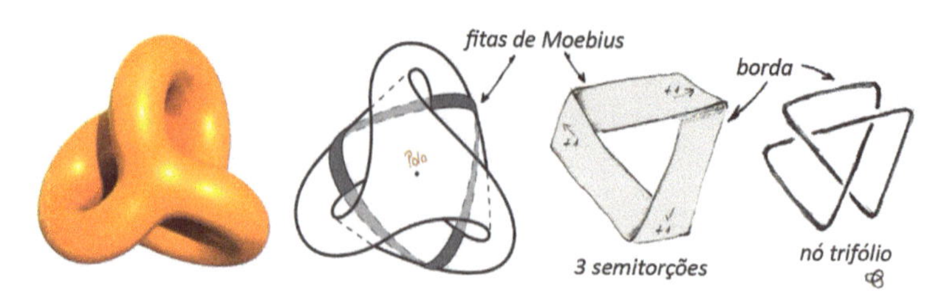

Fig. 15.4. Superfície de Boy: mundo unipolar da fantasia. O percurso/corte equatorial forma uma banda de Moebius cuja borda é um nó trifólio.

Na superfície de Boy não se gera um corte em forma de dupla volta (de oito interior), mas um *nó-corte* cuja borda é uma banda de Moebius com três semitorções.

M. Bousseyroux levanta esse tema em ao menos duas ocasiões no livro que mencionamos. Extraímos essa citação:

> A superfície de Boy é uma superfície que pode ser "vista" como uma esfera cujos polos norte e sul se juntam para formar um único. O planeta da fantasia é assim. [...] Lacan encontra aí o modelo de que necessitava para dar conta topologicamente do *nó-corte* da fantasia, do seu ligar/desligar. (MB.*Pen*.205-206)

Trata-se agora de um corte que, seguindo a borda de uma banda moebiana (com três semitorções) faz cair o disco do objeto *a*. Recordemos que em "O aturdito" a queda do "*a*" era obtida por um corte em oito no *cross-cap* ao redor do ponto privilegiado em que se localiza φ.

Tratamos dessa referência aqui para destacar que Lacan nunca abandona o final da análise a partir dessas duas referências: a fantasia e o sintoma. Na nossa comunidade, tratamos como passe "pelo objeto" ou passe "pelo real". M. Bousseyroux fala assim de duas propostas formuladas a partir de uma perspectiva topológica: o "fim de partida" moebiano e o "fim de partida" nodal.

Jorge Chapuis pensa que vale a pena enfatizar aqui um aspecto topológico das superfícies que Lacan utiliza ao longo de seu ensino. Trata-se do "polo". Ele oferece algumas precisões acerca dessa noção de "polo" e como ela se apresenta em diversas superfícies. Esse *polo* é um ponto singular da superfície que, por sua vez, permite "organizá-la"; ponto a partir do qual se organiza uma grade de meridianos e paralelos. Ele quase não foi mencionado explicitamente e acaba adquirindo peso como tal no encontro com a superfície de Boy, ainda que *après-coup* pareça evidente a sua importância. Esse ponto, seria preciso verificar, sem dúvida concerne ao objeto "*a*", propõe Chapuis.

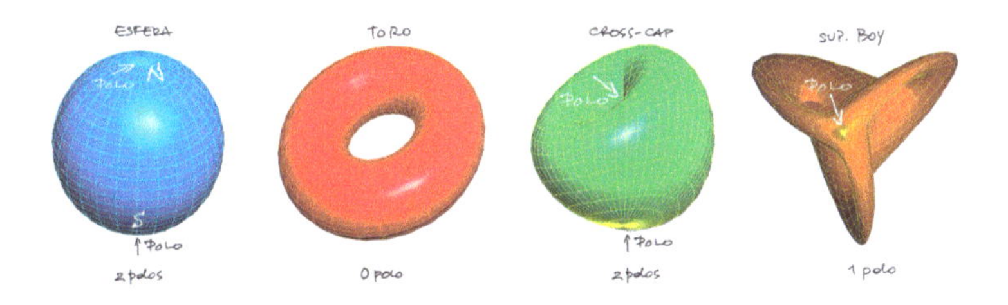

Fig. 15.5. O "polo" em diferentes superfícies

Tomando como exemplo a esfera com que estamos acostumados, podemos visualizar a singularidade do *polo* que, no seu caso, é dupla: há dois polos, Norte e Sul — para lhes dar nomes terrenos. Os meridianos se cruzam nos polos e os paralelos se estendem concêntricos a eles.

Numa esfera, eles podem se situar em qualquer par de pontos opostos, não gozam de localização específica e não definem a forma da superfície — como acontece com a apresentação da esfera terrestre.

O toro, em contrapartida, é uma figura que carece de polo. O polo ex-siste à superfície, ainda que se possa imaginá-lo no furo central "por um abuso imaginário" (ver *Guia topológico*, pp. 167-168), como salienta Jorge Chapuis.

No *cross-cap*, um desses "polos" está desdobrado, e justamente na "linha sem pontos" do desdobramento é onde a superfície se entrecruza.

Na superfície de Boy, e foi isso que chamou a atenção de Lacan, há um único polo, e este se encontra na superfície, sendo, sem dúvida, um ponto central da figura. Nesse mundo unipolar da fantasia, o percurso/corte equatorial forma uma banda de Moebius cuja borda é um nó trifólio.

Aqui o importante é que, diferentemente do *cross-cap*, só há um ponto singular: um polo, e não dois.

Essa passagem pela superfície de Boy volta a nos confrontar com a diversidade da noção de corte que nos levará não só a recordar a diversidade de cortes possíveis, mas também a diferenciar as operações de *corte* da de *furar*. Continuaremos na próxima intervenção.

16 | Transformações: corte e interpretação

Maio de 2019

(Variedade de cortes que transformam a estrutura nodal
As identificações
Nova perspectiva sobre o final
Relações sintoma/*sinthoma* dentro e fora do processo da análise
A palavra (e seus três estados) e o dizer
Distinção entre cortar e furar)

Variedade de cortes e interpretação que transformam a estrutura nodal

Mencionamos mais de uma vez a importância que o corte tem já desde o começo do ensino de Lacan. Essa noção de corte sempre foi solidária, no seu ensino, a diversas abordagens da interpretação — interpretação a partir da qual se esperam modificações.

A partir de que tipo de interpretação (bem pode ser silenciosa) se podem esperar modificações do próprio nó no sentido topológico do termo (a partir de operações de cortes e emendas)?

Uma intervenção que implique a passagem de uma estrutura nodal a outra diferente... que vá além de apenas uma modificação na maneira de apresentar um mesmo nó, ou seja, produzir equivalências de um mesmo nó.

A importância do corte, da perspectiva nodal, adquire além disso uma especificidade, visto que apenas a partir de um corte se pode detectar, *a posteriori*, se um nó é, ou não, borromeano. Apenas mediante o corte, uma tesourada — embora iremos ver que, com o nó borromeano generalizado, se pode recorrer a outra operação que não um corte de tipo tesourada —, se pode comprovar se o nó era borromeano, ou não, num sentido estrito: borromeano, se ele se desfaz totalmente; ou não borromeano (com suas variações), se se verifica a presença de enlaces entre algumas das suas consistências R, S ou I.

No seu (S24), *L'insu...*, Lacan examina o efeito de cortes distintos num toro longitudinal e transversal (ver p. 53), e também o efeito de um corte do tipo corte em oito interior (ver p. 72).

F. Schejtman, como começamos a ver (pp. 51-ss.), propõe uma abordagem para ampliar a clínica diferencial das crises histéricas. Então ele examina dois cortes no quarto revertido (AAP) e propõe possibilidades de cortes nos três anéis — R, S e I — que estão no interior do envoltório da AAP.

Para uma clínica diferencial das "crises" histéricas, necessita-se distinguir cada um desses cortes e considerar os seus efeitos bem diferentes na cadeia, como se pode ver claramente no exemplo mais simples do NBo3, em que o longitudinal desfaz a propriedade borromeana enquanto o transversal a mantém (ver *Fig. 16.3* p. 80).

Se nessas formações que partem de um NBo4, com quatro anéis (visualizá-lo na *Fig. 14.8*, p. 52), cortamos qualquer um dos anéis (S, R ou I) de maneira transversal — com ou sem reversão —, eles se tornam independentes, mas se mantêm envoltos pela AAP.

Para operações que incidem na AAP (o revertido) da *trique* histérica, propõem-se dois cortes: o longitudinal e o transversal na AAP, que Schejtman apresenta em duas visualizações da trique (FS.*Sth*.223) — que tomamos como base para desenhar os diagramas desses cortes.

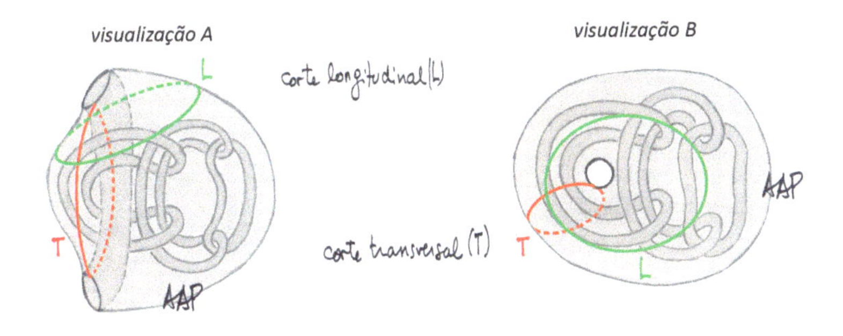

Fig. 16.1. Corte transversal (T) e longitudinal (L) na AAP.

Esses dois cortes correspondem aos trajetos que, desde o S9, *A identificação*, foram assinalados como sendo do desejo (paralelos) e da demanda (meridianos), colocando em jogo interpretação e identificações, relacionados um com o outro. No toro, a reversão trocou paralelos por meridianos, e vice-versa. Toda uma problemática por investigar.

O corte transversal corresponde ao paralelo da AAP e desfaz o encadeamento.

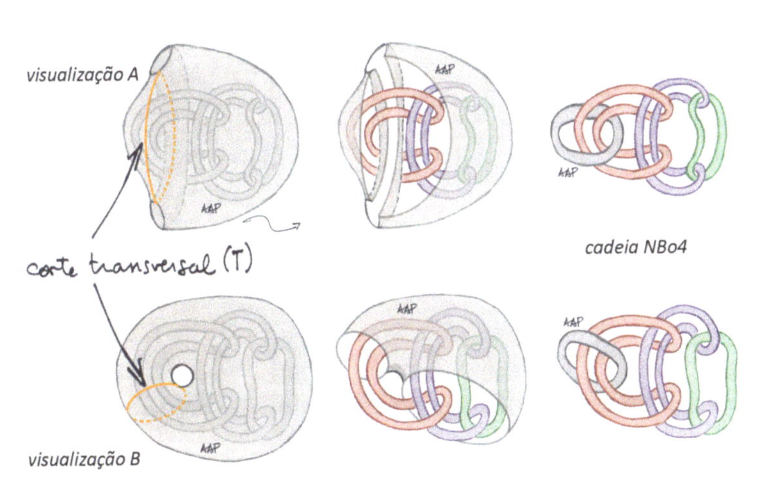

Fig. 16.2. Corte transversal (T) na AAP desfaz o nó.

Em contrapartida, um corte longitudinal, correspondente ao meridiano da AAP, mantém o encadeamento borromeano.

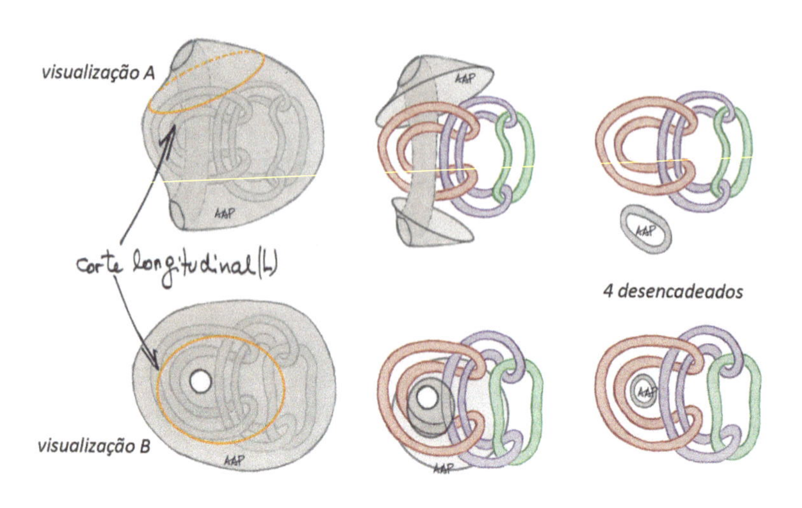

Fig. 16.3. Corte transversal longitudinal (L) na AAP.

F. Schejtman também propõe esse outro diagrama em seguida (ver p. 55), que poderia dar conta de uma configuração clínica que teria dado origem às crises graves, às "loucuras histéricas", caso em que tudo se desfaz. Desencadeamento drástico no qual um corte não apenas solta os componentes, mas os retira absolutamente do invólucro do "revestimento paterno" (AAP) e os quatro anéis se liberam indo cada um para o seu lado. Essa estrutura conta com dois furos na AAP, que permitem que dois anéis possam se manter dentro do envoltório da armadura (R e I, por exemplo), e S fora... ou outra combinatória. Nesse diagrama, ao cortar transversalmente qualquer um deles (R, S ou I), os quatro anéis se liberam totalmente.

Nessa mesma linha, ele mostra uma possível estruturação nodal para a neurose obsessiva, da qual já mostramos um esquema (ver p. 56).

Não passam de propostas que requerem ser colocadas à prova na clínica. Lacan não implementa essa clínica — ela está por ser feita —; apenas esboça a sua possibilidade, apresentando esse tipo de operações nodais consistentes em reverter uma das cordas (consideradas como toros) a partir de três ou quatro cortes possíveis: transversal longitudinal, talho e corte em oito interior.

As identificações

Voltemos à referência às três identificações freudianas e ao seu possível tratamento topológico, recorrendo à operação de reversão, operação central apresentada no (S24).

Em *R.S.I.* (S22), Lacan havia assimilado as três identificações freudianas com a natureza real de todo nó declinando: identificar-se com...

– Identificar-se com o real do nó: corresponde a uma identificação ao pai;
– Identificar-se com o simbólico do nó: corresponde à identificação ao traço unário;
– Identificar-se com o imaginário do nó: corresponde à identificação histérica.

Não obstante, em *L'insu*, quando volta a tratar do trio freudiano das identificações, ele não volta a essa referência e se apoia, como já sabemos, em operações de reversão, que são as que poderiam dar conta da transformação que toda identificação supõe.

A operação de reversão é apta para ilustrar a clássica referência às introjeções/projeções: translação do externo ao interno ou vice-versa. Entretanto, Lacan não retoma a questão, tampouco deixa claro se uma ou outra identificação corresponde a essa ou aquela reversão.

M. Bousseyroux faz uma leitura (ver MB.*Bo*.382) que consiste em retomar o foi que afirmado em *R.S.I.* (S22) e associa as três identificações com operações específicas de reversão:

– a reversão do toro do real remeteria à identificação ao Pai;

– a reversão do toro do smbólico, à identificação ao traço unário; e

– a reversão do toro do imaginário remeteria à identificação histérica.

Não obstante, isso não está tão claro em *L'Insu*.

Como sabemos, em vez de se deter nessas três identificações, Lacan se desvia, por assim dizer, apresentando uma nova forma de identificação que já conhecemos: trata-se de "identificar-se, ao final de uma análise, com o sint*(h)*oma". Já salientamos que um debate se abre: identificar-se com o sintoma ou ao *sinthoma*. Já disse que me inclino mais para o lado de considerar que se trata de uma "identificação com o *sinthoma*". Mas Lacan, no fundo, pouco diz desse identificar-se ao sintoma — ou ao *sinthoma* —, que ele apresenta na aula de **16 de novembro de 1976** de *L'insu*.

Não obstante, ele se espraia no que concerne ao que não é esse "identificar-se ao sintoma/*sinthoma*".

1. Não é uma identificação ao analista (que ele desfralda em sua crítica a M. Balint);

2. Não se reduz às identificações assinaladas por Freud e que são formações de sintomas neuróticos. Ainda que não se possa deixar de conceber que o traço unário —identificação simbólica — desempenhe o seu papel na identificação ao sintoma.

No seminário 9, *A identificação*, em **9 de maio de 1962**, Lacan fala de uma identificação do sujeito ao traço unário:

— Não é identificação ao inconsciente, pelo menos não ao inconsciente-linguagem. (Já vimos sua crítica referente ao amor pelo inconsciente e a recomendação de uma contra-análise).

— Tampouco se trata de um amor pelo sintoma; sintoma que, antes mesmo, se espera que se reduza, ou ao menos que o seu gozo seja "desvalorizado".

Já mencionamos em mais de uma ocasião o que é bem conhecido: essa identificação remete a um "uso", mais a um pragmatismo que a um saber. E Lacan fala então de *savoir-y-faire* (saber-aí-fazer), em que o *y* (aí) remete ao inconsciente, um *savoir-y-faire* com o sint(*h*)oma de tal maneira a não se baralhar demasiadamente com ele. Não vou voltar ao tema. Mas é preciso mencioná-lo e salientar que, ao que me parece, Lacan não propõe nenhuma figura topológica deste "identificar-se com o sint(*h*)oma" em seu (S24).

Não obstante, no seu *Momento de concluir* (S25), encontramos uma última apreciação sobre o final de análise. Em **10 de janeiro de 1978**, ele afirma: "o final de análise é quando se deu duas voltas [ele evoca novamente o trajeto de duplo fecho], quer dizer, encontrou aquilo do qual se é prisioneiro".

Essa alusão ao "duplo fecho" faz referência, sem dúvida, ao corte de duas voltas que permite isolar a banda de Moebius e separá-la do "*a*" no *cross-cap*. Proposta apresentada em "O aturdito" para o final de análise do neurótico, que remete principalmente a uma operação de atravessamento da fantasia, embora não seja suficiente para chegar ao "final", pois então é preciso separar-se do "*a*" que o analista ainda encarna como causa do desejo do analisante.

Em *L'insu*, está claro que na análise não se trata nem de atravessamento, nem de eliminação do sintoma, ainda que se tenha produzido uma "desvalorização do gozo do sintoma" e da repetição que implica.

Como dissemos, esse *savoir-y-faire* consiste em saber em que se esteve baralhado — e não por causa do imaginário, no caso, mas antes por causa do simbólico, do que não se pode escrever e das respostas que se geraram para esse impossível.

Aprender a falar tem as suas consequências "traumáticas" — antes mesmo, *trou*(furo)máticas — nas condições contingentes da formação do sintoma.

Seria, então, também o caso de certa aquisição do porquê de se ter esse ou aquele sintoma, e, portanto, de certa aquisição de saber (como ele postulava em "O aturdito") acerca dos impossíveis da estrutura: do sexo, do sentido e da significação.

Nesse sentido, M. Bousseyroux resgata — em *Pensar el psicoanálisis con Lacan* [Pensar a psicanálise com Lacan] (MB.*Pen*.223-224) — esta observação do *L'insu*: "identificar-se, tomando as suas precauções [*ses garanties*], uma espécie de distância" com o seu sintoma, distância com relação ao gozo opaco do sintoma. Por isso me inclino a pensar que não se trata de identificar-se com o seu sintoma de gozo, eventual saldo — cínico, sobretudo — de uma psicanálise. Saldo que sem dúvida não abre para "passe" algum de analisado a analista.

Em todo caso, essa referência à identificação com o sint(*h*)oma remeteria a efetuar uma transformação que implica duas operações topológicas diferentes, mas relacionadas entre si:

– Operação de *Corte*. Vimos a diversidade que essa noção envolve: há cortes e cortes — visto que há cortes que produzem transformações na estrutura topológica e há outros que não...

– *Reversão*. Operação sobre o toro, que, como já aprendemos, supõe haver uma transformação: a face interna fica por fora, e vice-versa.

Nova perspectiva sobre o final

Farei aqui uma breve referência ao nó borromeano generalizado (ver, adiante, a lição 18 do mês de julho do 2019, dedicada a este nó, pp. 131-ss.).

Se se busca vincular a "identificação ao sintoma/*sinthoma*" do final de uma análise à problemática borromeana, não deveríamos então encontrar a especificidade clínica dessas duas operações de corte, emendas e reversão?

Lacan encontrará essa solução nos dias **13 e 20 de março de 1979**, em *A topologia e o tempo* (S26), depois das trocas com Pierre Soury, Jean-Claude Terrason e Jean-Michel Vappereau. Ele mostra uma nova cadeia-nó com três cordas, o nó que Lacan chama de nó borromeano generalizado (NBoG). Essa novíssima figura nodal podendo, então, assimilar-se à produção de uma *di(to)solução* do final que vai mais longe, sem dúvida, que a postulação de um "identificar-se ao sint(*h*)oma. Ele aponta, como final de uma análise, para uma *dit-solution* (*dito-solução*) do vínculo *sinthomático* que, durante o decorrer do tratamento, se estabelece entre o analista e o analisante...

Veremos que com essa solução se opera uma transformação, e podemos resgatar o termo "redução" para chegar a uma cadeia nó borromeana com 4 (NBo4) a um nó com três cordas, que, apesar disso, distingue-se claramente do NBo3 que serviu a Lacan — e isso desde *...ou pior* (S19) — como primeiro passo de seu desenvolvimento nodal.

Relações sintoma / *sinthoma* dentro e fora do processo da análise

O nó com quatro (NBo4) não espera a análise para se formar num neurótico, sem dúvida. O que se escreve, o que se desfralda na análise, seriam as modalidades possíveis desse enodamento em quatro: cadeia de Real, Simbólico, Imaginário, e o Sinthoma e suas possíveis transformações.

A solução borromeana do final consiste numa transformação significativa: uma di(to)solução do sintoma na escrita de um real borromeano que o dizer da análise enodou na transferência, e que conduz à ex-sistência da "insolúvel opacidade" do núcleo de gozo do sintoma..

É todo um tema que requereria abordarmos os distintos momentos do sintoma/sinthoma referidos a quatro momentos cruciais do tratamento:

- passagens do *sinthoma* ao sintoma;
- passagens do sintoma ao *sinthoma* formado com o *sinthoma*-analista;
- do *sinthoma* ao inconsciente-*bévue*, e
- transformação do *sinthoma.*

Tudo o que se poderia explorar ao longo do desenvolvimento de um tratamento, de uma análise, em seus diferentes estados e das passagens (diacronia) de um estado nodal a outro. Não me detenho aqui nessa questão, que sem dúvida requer o máximo interesse. Para esse ponto, remeter-se a FS.*Sth.*114-ss.

A palavra (e seus três estados) e o dizer

Seguindo passo a passo os últimos seminários de Lacan, é preciso abordar o tratamento topológico que ele vai dar à palavra e ao dizer.

Nesse momento do seu ensino, Lacan faz uma nítida distinção entre *palavra* e *dizer* (recordemos que a dimensão do "dizer" foi claramente pontuada em "O aturdito" para diferenciá-la dos ditos, ou seja, da palavra).

Ele enfatiza a possibilidade de um "dizer" — que sempre remete ao lugar de agente num discurso; no caso do discurso analítico, ao dizer do analista — que funcione como corte interpretativo e que não opere tão somente sobre a fantasia, mas sobre o sintoma. Esse *dizer*, que permitiria o esvaziamento da conexão do sintoma com o sentido (da sua articulação S/I) — ou seja, do gozo do sentido, da *jouis-sens* — e reduzindo, desvalorizando a função de gozo (fálico, articulação R/S) do qual é portador e que não cessa de se escrever em sua repetição. O final aponta, sem dúvida, para o fato de que "o sintoma cessa de se repetir", o que não é o mesmo que propor o seu desaparecimento.

Nesse contexto, Lacan discriminará dois planos: o plano da palavra e o plano do "dizer".

Em *Momento de concluir* (S25), em **20 de dezembro de 1977** (3ª lição), Lacan os distingue claramente. A palavra está do lado do analisante e o dizer está do lado do analista e é responsabilidade sua:

"Dizer é diferente de falar. O analisante fala. Faz poesia quando consegue... é pouco frequente[...]"

"O analista, ele *tranche* (corta, decide). O que diz é corte, isto é, participa da escrita, "[...] *il sonne* [soa, faz ressoar] outra coisa que não *ce qui est dit* [o que é dito]".

Trata-se de uma operação de corte.

"O analista *tranche à lire ce qu'il en est de ce qu'il veut dire, si tant est que l'analyste sache ce que lui-même veut.*" "O analista corta (decide) lendo o que acontece com o que se quer dizer, contanto que o analista saiba, por sua vez, o que ele mesmo quer": que ele possa, então, ler o que há naquilo que está por trás do que se quis dizer. Podemos, sem dúvida, evocar "O aturdito": apontar, assim, para o fato de que se possa ler o dizer esquecido por trás dos ditos... o "que se diga...".

A escrita dos nós e o real

Para apreciar até que ponto Lacan se distingue de Freud nessa última etapa de seu ensino, basta aludir a como ele o evoca. Na 5ª lição do seminário 25, em 17 de janeiro de 1978, Lacan diz: "Um *affreux* [personagem horrível, mas tem um matiz carinhoso] chamado Freud *a mis au point* [ajustou, regulou] um *bafouillage* [falatório] que qualificou de análise, não sabemos por quê", em todo caso; e Lacan coloca ênfase nisso "para enunciar a única verdade que conta: não há relação sexual em *les trumains*". Lacan produz equívoco fazendo *êtres humains* (seres humanos) ressoar com *trou* (furo)... e acrescenta: "*Fui eu* [Lacan] quem chegou a essa conclusão"... Entenda-se, em todo caso, que a conclusão não estava tão explícita em Freud, o que decerto não deixa de ter consequências para a concepção do tratamento e para as hipóteses acerca da natureza do Inconsciente.

Assim Lacan justifica o seu recurso aos nós: como uma tentativa de colocar um pouco de ordem nesse *bafouillage* freudiano. "E foi o que me levou", afirma ele, "a me dar conta de que era necessário fazer alguns nós borromeanos."

Recorrer à escrita dos nós permite cercar algo do real. Embora o real como impossível seja o que *não cessa de não se escrever*, ainda assim algo disso se escreve, porque "como apareceria o Real se ele não se escrevesse?" Então ele se faz de algum modo presente; "o Real está aí", digamos, "por causa da maneira como o escrevo".

A escrita não passa de um artifício. Portanto, "o real só aparece, então, por um artifício", por essa via de "um artifício que está ligado ao fato de que há palavra; inclusive, de que há (possibilidade de um) *dizer*". E aqui entra em jogo a verdade e seu vínculo, por negatividade, com o dizer: "O *dizer* concerne à verdade, no sentido em que a verdade não se pode *dizer*."

Para abordar os estados da palavra, distinção entre cortar e furar

Para prosseguir com o que apresentaremos como os três estados da palavra, é preciso abordar a operação de "furar" e diferenciá-la da operação de "corte".

Nas nossas primeiras intervenções, abordamos sobretudo as operações topológicas de reversão que não passam de casos particulares de operações de transformação. A análise do estatuto dos três estados da palavra requer que remetamos a outra operação de transformação possível: *furar*, fazer furos numa superfície topológica.

Veremos então como Lacan tenta, por meio da operação de *furar* o toro, abordar a questão de três estados diferentes, três configurações da palavra. Para isso ele retomará a distinção entre *palavra vazia* e *palavra plena* para apresentar uma terceira configuração: aquela que se conseguiria com a poesia — *o "tour de force" do poeta.*

Examinaremos a maneira como ele trata esses três estados da palavra e a sua proposta de outorgar uma configuração topológica diferente a cada estado, furando dois toros enlaçados — uma cadeia, então, de dois toros.

A esta altura já sabemos que Lacan "manipula" os toros, neles praticando diferentes operações: *retournement* (reversão), *invertion* (inversão), *coupure* (corte), *trouage* (furagem).

Essas operações não devem ser confundidas entre si. No mesmo S25, *Momento de concluir*, Pierre Soury desfralda claramente essas diferenças, em particular na 8ª lição de **14 de março de 1978**, na qual ilustra claramente a distinção entre a furagem e o corte num toro, e a maneira como um e outro servem para fazer reversões.

Antes disso (na 5ª lição de **17 de janeiro de 1978**), ele aventa que "[...] fazer um corte (num toro) é fazer muito mais que uma reversão, e fazer um corte é fazer mais que furá-lo [...]"

Aplicado a uma cadeia de dois toros (enlaçados, portanto), ele aclara: "Por meio de corte se pode *désimpliquer* [des-implicar, des-involucrar, des-encadear] o interior e o exterior [ele se refere aos próprios toros], ao passo que por meio de reversão não se pode des-implicar a complementariedade do interior com o exterior" (ver p. 28).

Ele insiste nisso e repete: "o corte é mais que furar, e furar é mais que reverter." O seminário *L'insu* (S24) havia começado pelo mais simples, a reversão.

Cumpre seguir as intervenções de P. Soury nesse S25 (*O momento de concluir*). Na 5ª lição (**17 de janeiro de 1978**) e na 7ª lição (**21 de fevereiro de 1978**), Soury desfralda toda a variedade de operações que abarca o que se chama de "inversão" — por exemplo, inversão especular —, sendo a reversão do toro um tipo de "inversão" (ver, por exemplo, na p. 28, a que forma uma *trique*/trico). Trata-se apenas de um caso de inversão entre outros, ainda que tenha as suas particularidades. É um tema no qual não vamos nos deter agora, o que não significa que não tenha a sua importância.

Já especificamos, em parte, essas diferenças que distinguimos aqui. Apenas sinalizamos que a reversão de um único toro pode se produzir, a partir de qualquer desses cortes ou rachaduras, com resultado idêntico: o que chamamos de *trique*. Em contrapartida, quando o toro está "encadeado" e forma parte de um nó-cadeia, a reversão terá efeitos diversos sobre a cadeia, e isso dependerá do tipo de corte que se tenha produzido.

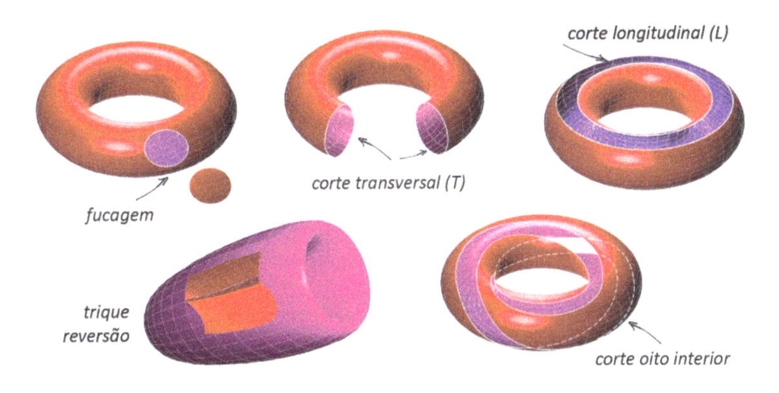

Fig. 16.4. Cortes e furagem de um toro e sua reversão.

A 9ª lição de **21 de março de 1978** é complementar; ali se investiga a relação — ou melhor, a não relação — entre a *toricidade* de uma superfície e a *furagem* da mesma. Para os nossos propósitos, trata-se do funcionamento da reversão e o espaço complementar que o circunda, que seria equivalente a um toro encadeado... a sua imagem especular. Tudo isso não passa de algumas notas preliminares de propriedades topológicas abordadas no contexto desses últimos seminários de Lacan e que nos remetem sempre à questão da interpretação, na medida em que concerne a modificações/transformações da estrutura.

Devemos recordar as duas vertentes, já assinaladas:

– o lado da *palavra*, e Lacan pretende que ela seja "poética";

– o lado do *dizer*, que, no fim, é responsabilidade do analista.

Para a *palavra*, Lacan propõe três estados, que serão ilustrados topologicamente a partir da prática de furos em dois toros encadeados.

Em contrapartida, o *dizer* voltará a nos confrontar com a noção de "corte", presente desde muito cedo no ensino de Lacan.

Retorno à interpretação

O que sabemos da interpretação (a *Deutung*) antes desse S24? Seguimos as indicações de M. Bousseyroux (*Lacan el borromeo* [Lacan, o Borromeano] e *Pensar el psicoanálisis con Lacan* [Pensar a psicanálise com Lacan]).

1. Que, para Freud, ela é uma *leitura*, uma tradução. Ler o sentido latente no dizer, e nas condutas do sujeito, aponta para desvelar um *desejo inconsciente*. Em 1911, Freud dá as regras de sua operatividade, experimenta os seus limites e recorre ao que se chamou de construção. Não vale a pena desenvolver esse tema aqui.

2. Que ela é *corte*. Essa forma já estava lá desde 1953, com a referência ao corte de sessão. Mas nem todo corte é uma interpretação... Isso é algo que vemos muito cedo (1962), quando se implementa o corte no toro. As temáticas da demanda, do desejo e da interpretação remetem a operações de corte no toro — ver demanda e desejo no seminário 9, *A identificação*.

3. Que ela *se relaciona com a verdade*. No seminário 17, *O avesso da psicanálise*, Lacan define a estrutura do que se chama de interpretação: *um saber enquanto verdade*. E ele dá como exemplo o enigma: uma enunciação cujo enunciado se desconhece, e que ele apresenta como o "cúmulo do sentido" — é o que está em jogo no último Joyce, como vimos em *Passo a passo, vol. 2*, p. 162). Há também a "citação": um enunciado cuja enunciação fica em reserva. Essas duas formas devem ser extraídas da trama "do discurso do analisante". Elas correspondem, ambas, a um "semidizer", ou a um *dizer pela metade*, característico do saber no lugar de verdade.

4. Que ela é *corte na trama de um toro*. Em 1972, surge "O aturdito". Esse escrito volta ao tema de um dizer da interpretação que opera um corte no toro.

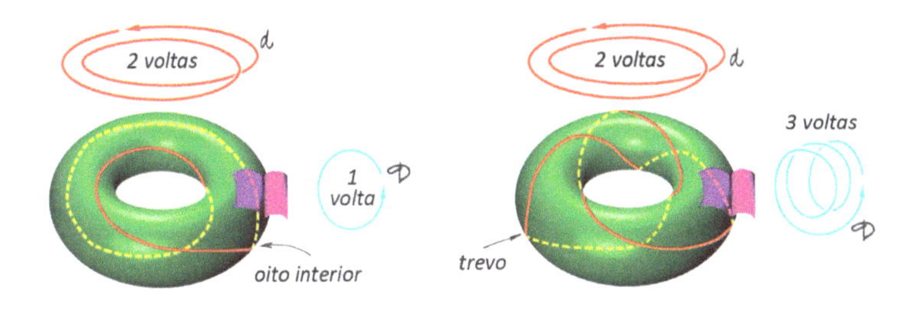

Fig. 16.5. De *O aturdito*: corte da interpretação, dupla volta do desejo (d) e demanda (D) ímpar (ver *Guia topológico*, p. 157).

A questão das voltas da demanda (D) — que poderiam não ter fim — ao redor do seu vazio (alma do toro) se resolve ensamblando-as na volta ao redor do furo central — o vazio verdadeiro (eixo do toro) — do desejo (d) cominando à demanda ser *ímpar*: 1D+2d, 3D+2d... (ver *Guia topológico*, p. 162).

Sempre, em "O aturdito", ele se refere à "dupla volta da interpretação", pois o corte que segue o fecho de um oito interior, corte do significante, tem que dar duas voltas ao redor ao furo do desejo, o eixo do toro.

Com isso Lacan ilustra que o sujeito (banda de Moebius) não passa do resultado de um corte (interpretativo), corte numa superfície — corte significante na superfície do sujeito, como ele se expressa já no seminário 9, *A identificação*.

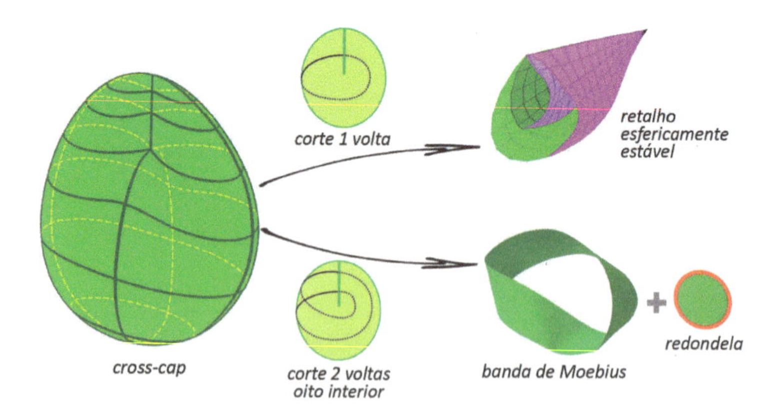

Fig. 16.6. De "O aturdito": corte da interpretação no cross-cap, com uma volta e com duas voltas em oito interior (ver *Guia topológico*, p. 144).

Também corte de duas voltas no *cross-cap*, que separa a banda de Moebius e a rodela esférica do "*a*", tal como ele o estabelece e se ocupa de diferenciar do corte de uma volta, em "O aturdito".

5. Que ela *não é um saber*. Trata-se de um ato, e como tal sempre se antecipa a qualquer saber.

6. Que ela é *apofântica* — num sentido que parece inspirado por Heidegger, como precisa M. Bousseyroux (ver o seu *Pensar*... MB.*Pen*.159). Ela é oracular, transcende toda verificação, como quando Freud diz ao Pequeno Hans: "sempre soube...". Não se forma como proposição; digamos que, para não apontar para um sentido — seja ele verdadeiro ou falso —, nada melhor que o equívoco, a alusão, o enigma, o signo, o oráculo...

7. Que ela é *equívoca*. Em "O aturdito", Lacan dá ênfase à interpretação como "equívoco". Veremos que, no fundo, o equívoco pode se referir ao fato de que toda palavra é portadora de um "duplo sentido".

8. Que ela é *corte em termos nodais*. Há uma mudança de perspectiva com o nó borromeano; a interpretação remete a um corte (*coupure*) seguidos de um emenda (*épissure* ou *raboutage*), operação que modifica, desfaz e refaz o nó. O *dizer* interpretativo é corte. Mas como já sabemos, *há cortes e cortes*...

17 A interpretação, enfoque nodal

Junho de 2019

Retorno à interpretação, cortar e furar
A palavra poética: esvaziamento de sentido.
F. Cheng e a poesia chinesa
Furagem e aplanamento de um toro furado
Figuras topológicas dos três estados da palavra (vazia, plena, o "*tour de force*" do poeta)
Novas aproximações do corte interpretativo
A direção do tratamento na entrada: manobra de fazer o sintoma "ressoar" com o inconsciente
Final de uma análise a partir da perspectiva nodal
Dois "finais de partida"?

Retorno à interpretação

A análise que faremos dos três estados da palavra remete, sem dúvida, à questão da interpretação.

Em primeiro lugar, vejamos como, em S24 *L'insu*, Lacan distingue três estados para a palavra. Acrescenta-se mais um ao que foi desenvolvido em "Função e campo...". Além da distinção entre palavra *vazia* e palavra *plena*, Lacan alude a um terceiro estado da palavra colocada em ato na poesia (não todo tipo de poesia, é claro). Ele irá denominá-lo então "*tour de force du poète*" ("a façanha do poeta", digamos).

Esse desenvolvimento se encontra na intervenção de **15 de março de 1977** de *L'insu...* (S24), pouco tempo depois de ele ter lido o livro de François Cheng, *L'écriture poétique chinoise* [A escrita poética chinesa], publicado naquele mesmo ano.

Retorno à distinção entre as operações de cortar e furar

Recordamos, como sempre, que há cortes e cortes. Mas também furos e furos! Nós já havíamos nos deparado com a diferença entre furos e cortes redutíveis e não redutíveis.

Essa diferença foi abordada cedo por Lacan, em *A identificação* (S9, **11 de abril de 1962**) e em *A angústia* (S10), em particular na Lição X. Ali Lacan já distingue entre diferentes tipos de furo e fala em furos redutíveis e furos irredutíveis.

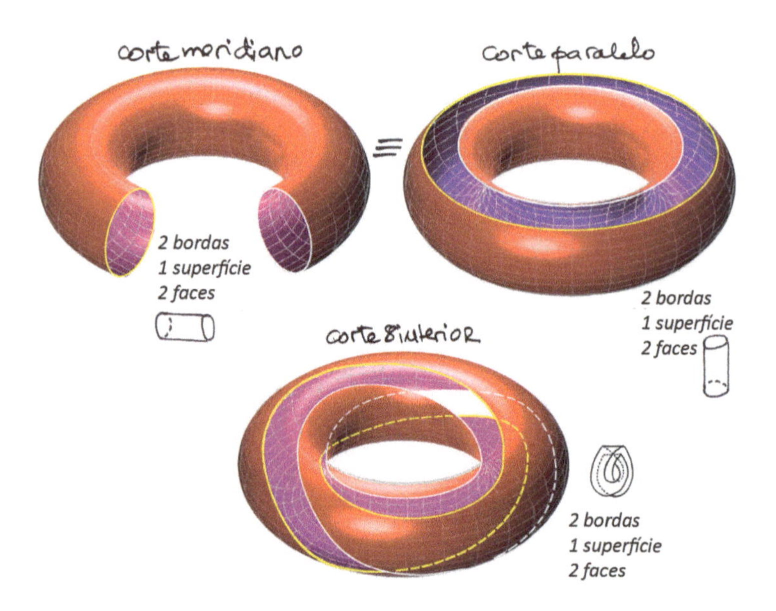

Fig. 17.1. Cortes *irredutíveis*: qualquer um que cinja *alma* e/ou eixo do toro.

Aqui se volta a estabelecer a diferença entre os furos/circuitos que se podem reduzir e os cortes/circuitos que não se podem reduzir.

Entre esses últimos contam-se, por exemplo, os círculos em torno da *alma* e em torno do *eixo* do toro; o meridiano (transversal) ou o paralelo (longitudinal), respectivamente. Por que uns poderiam e outros não podem se reduzir? Justamente por isso, porque cercam um ou outro furo do toro: a alma ou o eixo, que, por mais que se reduzam à sua expressão mínima, mantêm-se como furos ao redor de algum eixo do toro.

Também não se pode reduzir o corte em forma de oito, que cinge *alma e eixo central de uma vez.*

Pode-se, em contrapartida, discernir uma furagem redutível: a *fenda*, o talho e o que poderíamos chamar de *perfuração* — na qual se extrai um pedacinho da superfície, como se vê na *Fig. 17.2.*

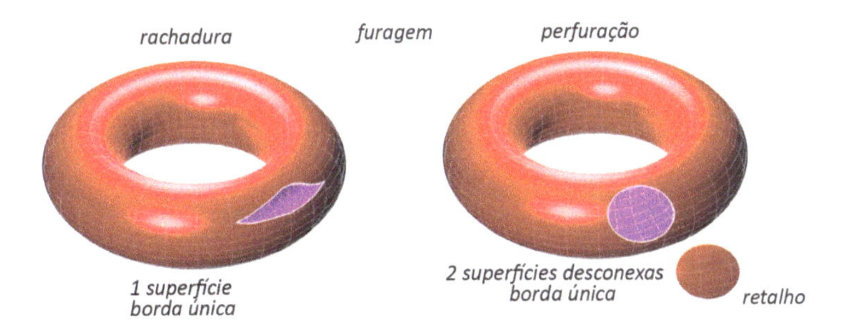

Fig. 17.2. Furos redutíveis

As seguintes indicações provêm de J. Chapuis. Ele aclara que, em *L'insu*, não se discriminam esses dois últimos casos; tampouco pareceria realmente significativo quando, em *Momento de concluir*, Pierre Soury (S26, **14 de março de 1978**) deixa bem claro que: "[...] o *trouage* [furagem] é *couper* [cortar] ao longo de um círculo redutível, e a *coupure* [corte] é *couper* [cortar] ao longo de um círculo não redutível."

Conforme bem indica Jorge Chapuis, não é evidente conceber um talho num toro.

Certamente podemos fazê-lo num pneu, mas uma câmara de ar não é um "toro" topológico, diz J. Chapuis. A superfície do toro topológico corresponde a uma trama de duas variáveis — correspondentes a meridianos e paralelos, demanda e desejo, conforme o caso — de *contínuos*, o que em termos matemáticos se formula com o chamado "número real".

No contínuo — seu nome o atesta —, não há hiância possível entre seus elementos, de modo que, ao cravar um bisturi num toro, deixamos de um lado um ponto; mas, do outro, o conjunto de pontos fica aberto. Com isso, esse talho teria borda de um lado, mas não do outro; e, por sua vez, seria contínuo... uma contradição...

Ou seja: não podemos fazer um talho nele! Para cortar, vai ser preciso criar uma borda de pontos que, se encerra, algo a separa, nem que seja um ponto. O que ressoa a operação de corte no *cross-cap* que se descreve em "O aturdito", na qual o objeto cai (ver *Guia topológico*, p. 149). Em 1972, esse tipo de corte não havia sido considerado em relação ao toro, mas sim, ainda que não expressamente, incluído em relação ao *cross-cap* (ver *Guia topológico*, pp. 106-107).

A superfície resultante da furagem tem uma única *borda*. Esse ponto é significativo, e P. Soury se ocupa disso na data que mencionamos antes de *Momento de concluir*.

Além disso, essa diferença afeta outra operação que está em jogo: a reversão.

Levemos em conta que o corte não ficava ali, e pronto; há um depois... que implica uma retificação. Em "O aturdito", ele já aparece na "costura" da banda bilateral compondo uma banda de Moebius verdadeira que pode se armar em *cross-cap* com seu agregado (uma das três possibilidades, ver *Guia topológico*, p. 76). Nessa última época, o depois do corte é apresentado como *reversão*, ao modo como, em termos de cordas, não há corte numa consistência sem uma emenda posterior.

A reversão tem um único resultado quando consideramos um só toro, seja pós-corte ou pós-furagem: interior e exterior, alma e eixo, apenas se trocaram.

A palavra poética: esvaziamento de sentido. Encontro com F. Cheng e a poesia chinesa

Lembro muito brevemente aquilo que levou Lacan a privilegiar a "palavra poética" na medida em que a partir dela se poderia esperar uma operação de *furagem*, que não fosse de sentido.

Em fevereiro de 1977, F. Cheng publica seu livro, *L'écriture poétique chinoise* [A escrita poética chinesa] (publicado em castelhano como *La escritura poética china* pela PreTextos), e envia um exemplar para Lacan, que ele já conhecia de antes.

Imediatamente, Lacan envia um *pneumatique* (envio de cartas e mensagens por meio de tubos pneumáticos que atravessavam a cidade de Paris naquela época) com as seguintes palavras de caráter performativo: "*Je le dis: désormais, tout langage analytique doit être poétique*", "digo: a partir de agora, toda linguagem analítica deve ser poética".

Em junho de 1977, F. Cheng e J. Lacan passam juntos uma jornada na casa de campo de Lacan em Guitrancourt e trabalham o dia todo examinando um único poema: *O pavilhão da grua amarela* (Cuī Hào, séc. VIII).

黄鶴樓

昔人已乘黄鶴去
此地空余黄鶴樓
黄鶴一去不復返
白雲千載空悠悠
晴川歷歷漢陽樹
芳草萋萋鸚鵡洲
日暮鄉并何處是
煙波江上使人愁

催顥

LE PAVILLON DE LA GRUE-JAUNE

Les Anciens sont partis
chevauchant la Grue-Jaune;
Ici résonne à vide le nom du
pavillon.
La Grue-jaune disparue jamais
ne reviendra;
Mille ans les nuages blancs
errent au cœur du Vide.
Le clair fleuve entouré des
arbres de Han-yang;
L'herbe drue parsemant l'ille
des Perroquets.
Face au couchant où donc
retrouver le sol natal ?
Les flots mués en brume
avienent la Nostalgie.

A atenção de Lacan é poderosamente chamada pela noção de "vazio mediano" de que fala Cheng.

F. Cheng aclara que o *Vazio Mediano* (Vacío Intermedio [Vazio Intermediário], às vezes, nas traduções para o espanhol) é o sopro inusitado, feito de coisas inesperadas, surpreendentes. Nós o encontramos no taoísmo — nos poemas da dinastia Tang — entre o Yin e o Yang e entre o Dois e os Dez mil seres do mundo. E Cheng explica a Lacan que, com essa noção, ilustra-se que o pensamento chinês é ternário, e não binário.

Lacan se interessa então pelos recursos que conseguem fazer circular nos poemas esse "sopro mediano"... essa forma de "vazio". Cheng descreve esses recursos poéticos em seu livro. Podemos citar alguns: introduzir uma palavra sem sentido algum, colocar uma palavra qualquer no lugar de um verbo, suprimir os pronomes pessoais etc.

Para Cheng — e, é claro, isso é o que interessa a Lacan —, a palavra poética, tal como animada nos poemas dos Tang e sua concepção do "vazio mediano", conseguem "trans-crever" o indizível — ver meu artigo "La letra una vía hacia lo Real" ["A letra, uma via para o Real"].

Lacan percebe, desse modo, a existência de outros recursos "poéticos", que não aqueles que Jakobson descreve quando fala da função poética: recorrência, paronomásia etc.

Antes desse encontro em Guitrancourt, ele havia afirmado, em **19 de abril de 1977**, que com a interpretação era preciso fazer ressoar outra coisa que não o sentido... a poesia é fazer ressoar o corpo com a palavra.

Em **17 de maio de 1977**, Lacan insiste no fato de que deveríamos poder inventar um significante novo. Não se trata tanto de inventar um significante inovador, como já mencionamos, mas de dar um novo uso ao significante. Um uso que, além de produzir um efeito de sentido — que é o uso metafórico, por exemplo —, produza um "efeito de furo". Há um deslocamento da metonímia do desejo à metonímia do gozo. Com efeito, no contexto de 1977, ele não aponta tanto para a produção de um efeito sobre o desejo, mas sobre a repetição dos Uns de gozo, do gozo fálico, do gozo que nidifica no sintoma (sem H) — trata-se da metonímia na medida em que veicula o gozo.

Lacan retoma então a sua antiga diferenciação entre palavra vazia e palavra plena (ver, para tanto, "Função e campo da fala e da linguagem") e propõe um terceiro estado da palavra conseguido pelo que ele qualifica como *tour de force* do poeta.

Ele aclara que a poesia falha quando se limita ao plano da significação (*palavra vazia*), mas tampouco é obtida — nesse sentido que interessa a Lacan destacar agora — quando recorre à metáfora, porque assim se alimenta o "duplo sentido", que agora Lacan vai a categorizar como *palavra plena*. Nessa aproximação, interessa-lhe dar ênfase ao tipo de procedimento de redução que a poesia chinesa dos Tang opera, aquele que lograria operar uma abertura para o real, recorrendo a um esvaziamento de sentido.

Ficam então bem diferenciados os três estados da palavra:

– *Palavra vazia* ou significação. Temos aqui a referência ao amor, como pura significação, e à poesia do amor cortês — e, em particular, a Dante.

– *Palavra plena* (de sentido), porque joga com o duplo sentido.

– *Tour de force do poeta*: quando logra, consegue animar o vazio; esvaziamento de sentido que nidifica na palavra. Ele vai terminar falando em *sens blanc*, que ressoa *semblant* (semblante). Talvez possamos pensá-lo como sentido branco ou *sentido em branco* ou *sentido branqueado*... Trata-se, então, da palavra que é capaz de produzir um efeito de "furo"... sem introduzir sentido.

Essa operação de esvaziamento é lograda por tornar ausente — por esvaziar — a metade de sentido do "duplo sentido".

A interpretação poética — a terceira forma que examinaremos — se aproxima, assim, da produção do au-sentido do au-sexo.... do real. Ela libera a palavra da sua significação (palavra vazia) e do seu duplo sentido (próprio de toda palavra).

Essa mudança de óptica da interpretação consiste em ampliar o campo dos efeitos da palavra, liberando-a da duplicidade do sentido e da sua dupla verdade, com um "golpe de sentido", que bem podemos entender como um "golpe ao sentido", ao produzir esse "*sens blanc*" — que, apesar disso, ressoa *semblant* (semblante), e que ainda assim seria o mais próximo de um esvaziamento de sentido, para alcançar algo do real, que se pode operar pela via da palavra.

Em *L'insu*, em **10 de maio de 1977**, Lacan se interroga sobre "o estatuto do analista" e a interpretação que corre às suas custas. Nesse contexto, a interpretação consistirá então em modificar o efeito da palavra: ir do sentido ao furo. Para tanto, deverá liberar-se da duplicidade do sentido e dar lugar ao sentido branco (*sens blanc*) do real... esse real, como sabemos, definido como "excluído" de todo sentido, *ab-sens, au-sentido*.

Figuras topológicas dos três estados da palavra (vazia, plena, o "tour de force" do poeta)

Vejamos, então, como Lacan recorre ao toro para tratar topologicamente esses três estados da palavra: *vazia*, *plena* e *poética*. Como dissemos, encontramos esse desenvolvimento em 15 de março de 1977 no *L'insu* (S24).

O toro, como vimos, nos oferece, depois de ser revertido, a forma tórica do corpo. O corpo está concernido na palavra poética porque "a poesia se manifesta na ressonância do corpo" (**19 de abril de 1977**). Colocar em ressonância a palavra com o corpo, esse é um objetivo da palavra a ser mobilizada numa análise. O analista faz ressoar; o analisante, em contrapartida, faz poema, ele é o poeta...

Para que um toro ressoe, para que um corpo ressoe, primeiro se deve fazer um furo nele. O efeito de furo permite que o corpo e a palavra entrem em ressonância, uma espécie de ressonância do corpo tórico.

Furagem de toros e seus aplanamentos (*Apresentação de J. Chapuis*)

Veremos primeiro como furamos um único toro, depois como funciona em dois toros encadeados.

Já mencionamos que, no ano seguinte a *L'insu*, Pierre Soury explica em termos topológicos o que é furar um toro e o que sucede à superfície ao ser furada.

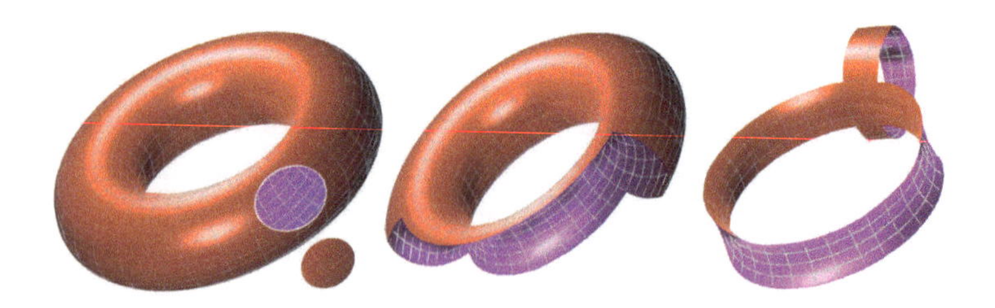

Fig. 17.3. Deformação do toro furado.

Furar consiste em cortar seguindo um circuito fechado (círculo, quadrado etc. são topologicamente equivalentes) e, em seguida, deformá-lo. Não estamos interessados no disco que se separa do toro *furado* (ver *Fig. 17.2* e comentários sobre este ponto, p. 99).

Deformamos o furo e comprovamos de que modo obtemos certa colocação em continuidade, uma continuidade entre a alma e o eixo do toro.

Pierre Soury, em *Momento de concluir* (S26, **14 de março de 1978**), esclarece: "Dizer furagem é desinteressar-se pelo pequeno disco que resta, e dizer que o toro furado é isso. O toro furado é uma superfície com borda que está desenhada assim [mostra esquema]." O esquema registrado mostra o disco e uma superfície aplanada que tem borda — P. Soury diz "*une surface avec bord*" —, apesar da sua aparência com uma única borda e duas faces. Redesenhamos a figura da transcrição do S26 para que se visualize o processo de aplanação da banda de duas faces e uma única borda.

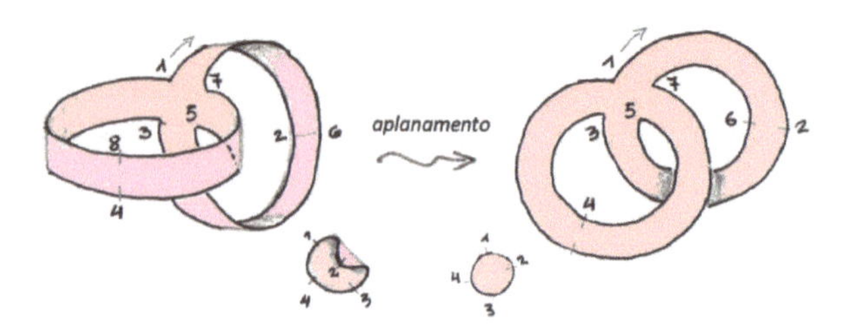

Fig. 17.4. Processo de aplanamento do toro furado. (S26)

Na figura aplanada, vemos apenas uma face das duas que a fita tem. Recordemos que também com o corte em oito interior se obtém uma superfície de duas faces e uma única borda, porém... essa borda não está torcida como a da bilateral de "O aturdito".

Temos que diferenciar bem a *reversão dessa furagem*, que está situada um passo antes, por assim dizer, na ordem dessas operações sobre a superfície tórica.

Examinemos brevemente essa nova fita (distinta da de Moebius) que se extrai do toro furando-o.

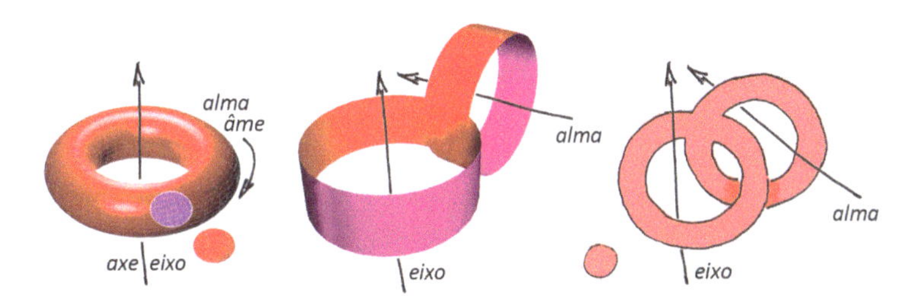

Fig. 17.5. Aplanamento do toro furado. (S26)

Essa nova fita aparece no S24, mas é somente no S25 que P. Soury a investiga em detalhe.

Esse toro furado, ao aplaná-lo, resulta que ele assume a forma como que de duas arandelas sobrepostas nas quais se fundiu uma das áreas sobrepostas, mas a outra, não. M. Bousseyroux fala em "cruzamento de bandas".

Estabeleceu-se certa continuidade entre a alma (*âme*) e o eixo (*axe*) do toro; ou seja, entre os dois furos do toro, o da demanda e o do desejo, o transversal e o longitudinal. A superfície tem:

Duas *faces* separadas por uma borda.
Uma única *borda* que não está torcida.
Dois *furos*.

Não necessitamos de muito mais para examinar a apresentação dos três estados da palavra feita por Lacan no *L'insu...* em **15 de março de 1977**.

Veremos que aqui ele não utiliza essa forma sozinha. Lacan recorre a um objeto topológico um pouco mais complexo: o que resulta de fazer a furagem em dois toros enlaçados.

• *Furar dois toros enlaçados*

Os dois toros enlaçados também vêm de longe... desde *A identificação*. Enlace entre o toro do sujeito e o toro do outro. Esses dos toros representados assim, enlaçados, valem para representar certa relação de "complemento" um com o outro, mas eles não o conseguem totalmente.

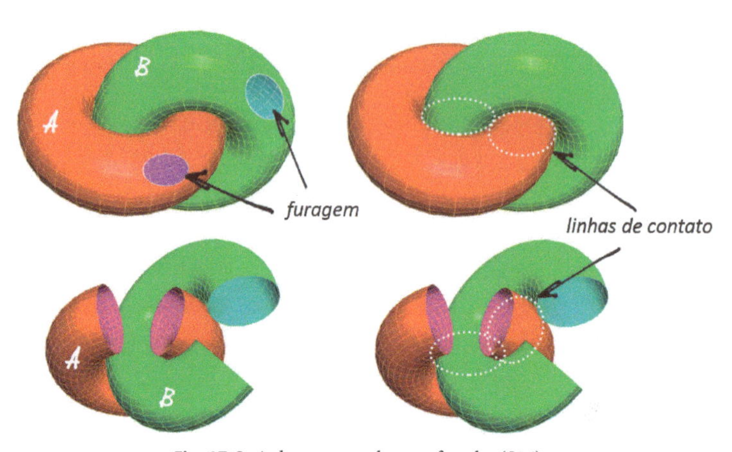

Fig. 17.6. Aplanamento do toro furado. (S26)

Diz-se: "esse toro verde representa precisamente o que poderíamos chamar de complementar do outro toro". Esse complementar é o espaço que o circunda... todo o outro. Isso implica um contato absoluto dos dois toros em todos os seus pontos. Essa "coisa" assim posta desafia a nossa capacidade de intuição geométrica, ainda que possamos nos arranjar representando-a como os dois toros encadeados.

Mas devemos levar em conta que, "ao furar um toro [o vermelho], fura-se ao mesmo tempo outro toro, que é aquele com o qual ele tem uma relação de cadeia."

Sempre, em qualquer ponto do toro, furar um implica furar o outro. Nas nossas representações, podemos imaginar que a furagem se produz na linha de contato entre o toro vermelho e o verde.

As vantagens e os déficits desse "abuso imaginário" que fazemos em nossa topologia já se encontram denunciadas com todas as letras em "O aturdito" (ver *Guia topológico*, p. 100-101).

Passando a furar os toros de um enodamento entre dois, Lacan obtém três configurações possíveis; ele fala de diferentes formas de "con*dançação*" (S23, p. 152) — *condançação*: condensar / dançar — entre corpo e palavra... conforme essas bandas encaixem entre si muito ou pouco. Três configurações desse objeto, então, composto de dois toros encadeados entre si e furados.

Podemos dar mais uma referência sobre a disparidade entre corte e furagem. Em *Momento de concluir* (S25), ver **14 de março de 1978**: "Então a diferença entre corte e furagem, reversão por corte, reversão por furagem... enfim... a diferença... *uma* diferença, é que a reversão por furagem não toca... não muda essa ligação das duas faces com o interior-exterior, enquanto a reversão por corte dissocia essa ligação."

Esse dia, P. Soury desfralda uma complexa elaboração sobre as características do toro como superfície passível de ser cortada — diferenciando diversos cortes e furagem —, revertida, recosturada, aplanada, até conseguir a emergência de uma borda... Ele considera as características (parâmetros) do toro que interessam e distribui algumas em pares (*couples*) — eixos: eixo/alma; faces: interna/externa —, o que permitiria precisar como se comporta a superfície quando cortada, revertida ou aplanada.

Ele detecta coisas bem curiosas, que fazem pensar que, com relação ao toro, ainda há muito que explorar nessa via topológica! Coisas como o fato de que os eixos e a borda do toro revertido por furagem têm uma relação borromeana (ver adiante, p. 118). De que certo corte o converte numa superfície torcida enodada como que em trevo. De que os cortes acompanhando a espiral da demanda produzem bandas retorcidas, mas não enodadas... Enfim, todo um campo aberto à investigação.

Não encontramos, depois de *L'insu*, Lacan entregando mais precisões sobre a topologia dos três estados da palavra.

Para apresentá-los, nos deixamos guiar por M. Bousseyroux em *Lacan el borromeo* [Lacan, o Borromeano] (MB.Bo.85-88) e o amplo desenvolvimento de Pierre Bruno em *Final y pase* [Final e passe] (pp. 185-201).

Para obter as superfícies correspondentes a esses três estados da palavra, ele realiza a operação de furagem nos dois toros encadeados e aí se detém, apenas move as superfícies.

Não se especifica o "destino" das superfície depois: se se volta, ou não, a conformar o toro depois e, se for o caso, como isso se daria. Dependerá da interpretação? Vamos aos três estados...

• *Palavra vazia*

No que concerne à *palavra vazia*, os toros furados ficam desencaixados por um deslocamento completo.

Estamos, segundo Lacan, no plano da significação, digamos, unívoca, sem duplo sentido: "o próprio da poesia, quando falha, é só ter uma significação, ser puro nó de uma palavra com uma outra". Também aqui aparece associado ao amor: "O amor não é nada mais que uma significação, isto é, vazio, e se vê bem a maneira como ele encarna essa significação em Dante; o desejo tem um sentido, mas o amor, como o apresentei no meu seminário sobre A *ética* — como o amor cortês o sustenta — é apenas uma significação."

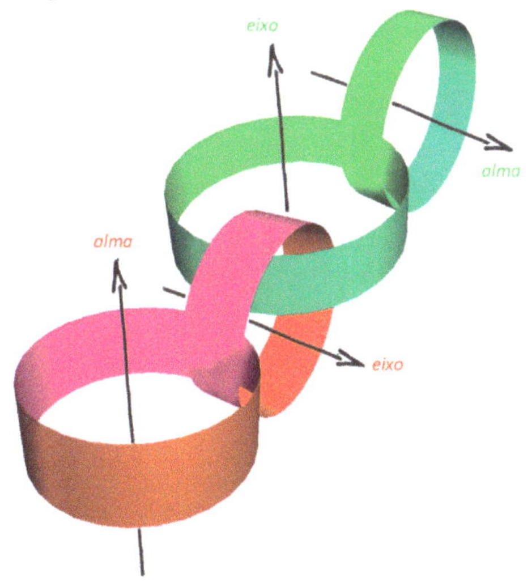

Fig. 17.7. A *palavra vazia* reduzida a uma única significação.

• *Palavra plena*

A palavra plena é o *sentido*, está cheia, plena de sentido. As bandas nas quais os toros furados se converteram encaixarão por completo.

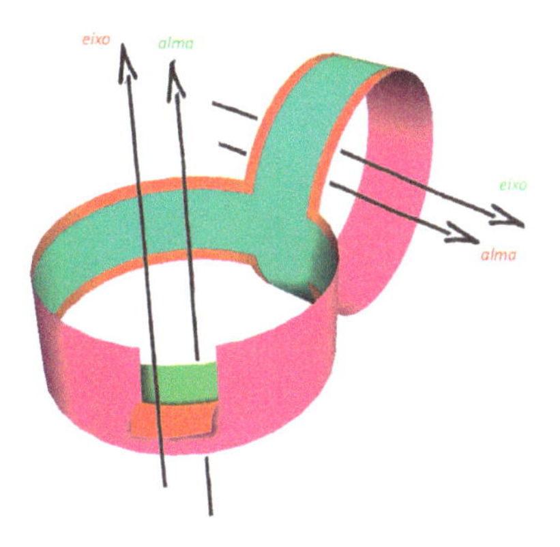

Fig. 17.8. A *palavra plena* de sentido.

Em "Função e campo" (1956), ela "se define por sua identidade com aquilo de que fala". Aqui ele recupera essa referência: "quando falei em verdade, é ao sentido que me referia".

A palavra é um aparato, é "*apparole*", diz Lacan — brincando com o duplo sentido, com *appareil* (aparato) e *parole* (palavra, fala) — em "Prefácio a uma tese" (*OE*.395) e no S17. O sentido é sempre portador de duplo sentido.

Com isso resulta que — e aqui vemos a distância que Lacan guarda em relação à interpretação como deciframento —, quanto mais se interpreta o sentido, mais se cria, mais se promove o sentido... duplo.

Alimenta-se, então, o sentido do sintoma. Não há maneira de desmantelá-lo por essa via.

É preciso recorrer ao dizer da interpretação analítica.

• *A façanha do poeta*

Nesse contexto, esse terceiro estado da palavra, *palavra poética*, há de ser identificado com o que seria o *tour de force* do poeta, a façanha do poeta: "Como pode o poeta realizar esse *tour de force* [proeza, façanha] de fazer que um sentido se ausente?"

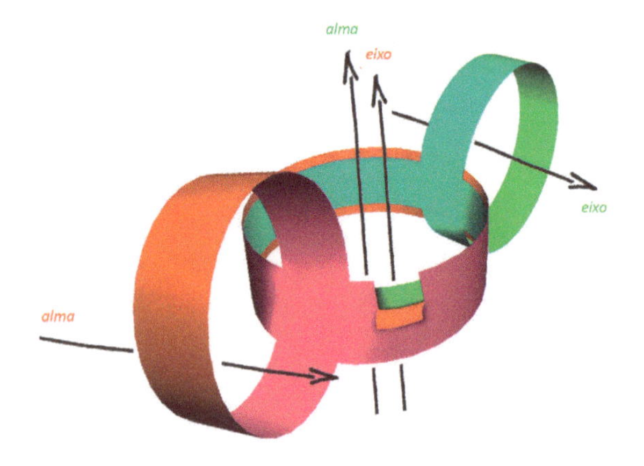

Fig. 17.9. A *palavra poética*, o *tour de force* do poeta.

Em que consiste esse terceiro estado da palavra, esse *tour de force* do poeta? A própria expressão utilizada por Lacan não deixa de ser um aceno: há um giro... com relação ao duplo sentido da palavra plena.

Uma das duas "encruzilhadas de banda" se desencaixa, gira para ficar encaixada "pela metade". Faz-se ressoar assim o vazio de sentido de toda palavra, de qualquer palavra, alcançando com essa *forçagem* uma abertura para o real fora de sentido.

Isto corresponde à *palavra poética*: conseguir que ao duplo sentido falte, por assim dizer, sua metade. M. Bousseyroux diz que "o dever do analista é velar pelo sentido ausente, ocupar-se do sentido branco", mas "ter cuidado em apenas deslocar, virar o sentido apenas pela metade".

P. Bruno comenta: "na matéria metafórica com a qual tem de lidar — e que é seu tecido —, ele produz a ablação de um sentido, isto é, instaura a objeção à reversibilidade".

Novas aproximações do corte interpretativo

Michel Bousseyroux precisa que passar à posição de analista implica uma identificação, mas decerto não se trata de identificar-se com o objeto *a*. Vale lembrar que o analista ocupa esse lugar como agente do discurso do analista unicamente como *semblante*; se a passagem a analista tem a ver com um corte, ela tem a ver com esse corte que permite que o "*a*" caia para que se saiba estar nesse lugar do "*a*" como semblante, mas não a partir de uma identificação com ele.

Porém, como não deixo de repetir, há cortes e cortes. E esse corte que permite a queda do "*a*" foi claramente especificado em "O aturdito".

Mas como situá-lo no nodal?

Com a perspectiva nodal se acrescenta à operação de corte a operação de furar. Às vezes se associa uma com a outra. Os esclarecimentos topológicos de P. Soury do dia

14 de março de 1978, em *Momento de concluir* (S25), são muito elucidativos.

No "[...] cortar a furagem está implícita, isto é, no corte há muito mais que alçar somente um pequeno furo. [...] O corte pode ser apresentado como algo mais em relação ao furar, isto é, que se pode furar de início e, a partir desse furo, cortar."

Pode-se fazer primeiro um furo e, a partir desse furo, cortar. O corte pode ser declinado em dois tempos, então: primeiro, furar; segundo, cortar a partir dessa furagem.

Temos também a diferença entre corte transversal (secção perpendicular / *section perpendiculaire*) e corte longitudinal (secção concêntrica / *section concentrique*) no toro revertido, que está apresentado nas duas primeiras aulas de *Momento de concluir* (S25), em **15 de novembro de 1977** e **13 de dezembro de 1977**. Mas há mais cortes que convém revisar.

No NBo3 com uma consistência revertida, o corte transversal nessa reversão restitui o NBo3; em contrapartida, um corte longitudinal o desfaz por completo.

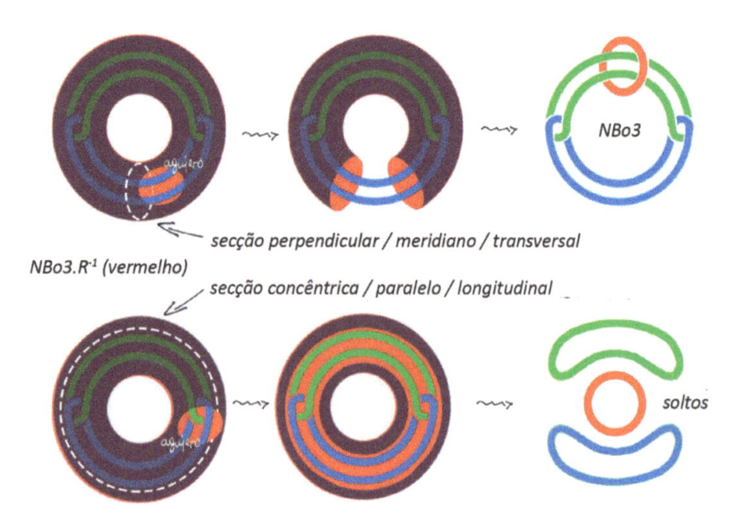

Fig. 17.10. Transformação por corte do toro revertido de um NBo3, de acordo com os cortes transversal e longitudinal.

Essa exposição basta para comprovar que afirmar que o *dizer* é um corte (que separa dos ditos) não é suficiente. Que tipo de corte é? Como é o corte? Em que encadeamento e qual superfície?

Se a noção de corte é anterior, com a perspectiva nodal ela adquire uma consistência particular.

Assim, em **20 de dezembro de 1977**, na 3ª aula de *Momento de concluir* (S25), Lacan chama de corte aquilo que elimina o nó borromeano "*tout entier*", em sua totalidade — por exemplo, um corte concêntrico no NBo3 com um toro revertido que acabamos de mostrar na última figura.

É importante o que se segue à continuação porque aponta para o que chamaríamos de *sequência operatória* sobre o nó:

> *"La coupure n'est rien que ce qui élimine le nœud borroméen tout entier. C'est de ce fait quelque chose qui est réparable, à condition de s'apercevoir que le tore intéressé se recolle, si on le traite convenablement, retourné."*

> "Só é corte aquilo que elimina o nó borromeano totalmente. Portanto, é algo reparável, desde que se perceba que o toro em questão volte a se colar, se o tratamos como convém, revertido."

Lacan acabou de falar do NBo3 com um toro já *revertido*, assim então se pode remediá-lo, repará-lo, transformá-lo... por exemplo, praticando uma contra-análise, quando a cadeia tiver sido formada a partir de uma análise que tenha outorgado o predomínio ao simbólico, como já havíamos mostrado (*Fig. 13.15*, p. 22).

Podemos também recordar o que Lacan apresenta, no seminário sobre *A identificação* (S9), que tem toda a sua importância como antecedente ao que agora foi tratado nos S24 e S25. Ali ele se ocupa, com muito detalhamento, de ilustrar que o corte em dois toros complementares conduz a diversos efeitos, conforme se trate de um ou outro corte:

– Corte *simples*: faz com que o furo do desejo de um equivalha à demanda do outro (do Outro), e vice-versa. Essa operação é simétrica. Ela tem grande valor clínico para a neurose. O obsessivo se sustenta na demanda do Outro; o sujeito histérico, no desejo do Outro.

– Corte do tipo *oito interior*. Corte significante por excelência, na medida em que inclui um ponto de inserção com o real, rompe com a simetria anterior, porque não produz uma simetria num e noutro toro.

Salientemos novamente que essas formas foram apresentadas muito cedo por Lacan, no seu seminário *A identificação* (**6 de junho de 1962**). Sem retomar o que foi desenvolvido ali, salientamos que já se tratava dos dois toros encadeados solidariamente (o toro do sujeito e o toro do Outro que é "*décalque*", um decalque); então, cortando o toro do sujeito, também se opera sobre o *decalque*.

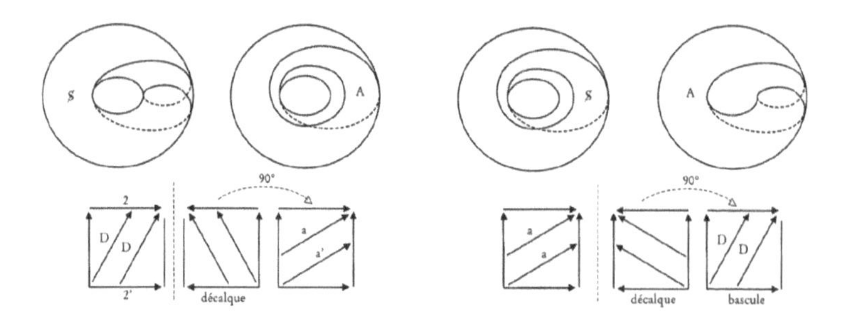

Fig. 17.11. Diagramas de cortes em oito interior em *A identificação*, 6 de junho de 1962 (versão ALI).

O exame da operação de corte é necessário para delimitar a *interpretação-corte* que é a que se espera do analista. Recordemos que as diversas formas da palavra são situadas, antes mesmo, como aquilo que se espera do lado do analisante.

Insistimos em salientar que toda a prática analítica está, por assim dizer, repartida em duas vertentes: a palavra do lado do analisante e a interpretação-corte (da ordem de um *dizer*) do lado do analista. Já mencionamos essas expressões de Lacan.

O *tour de force* do poeta fica, por fim, do lado do analisante. Em **17 de maio 1977** (S24), Lacan declara não ser "*pouâte assez*", suficientemente poeta. Ele afirma ser poema, isso sim: "[...] não sou um poeta, mas um poema", diz no "Prefácio à edição inglesa do *Seminário 11*" (*OE*.568). Ele afirma que não era suficientemente poeta para estar à altura de uma interpretação poética.

Por fim, poeta é o analisante, o que fala, o que desfralda a associação livre no plano da palavra; é no plano da sua palavra que se manifestam esses três estados da palavra de que já tratamos.

Então Lacan dá mais um passo e nos deparamos com outra abordagem da interpretação, que, embora sempre associada a uma operação de "corte", se trata de outro modo de cortar.

Há cortes e cortes, de fato, como dizemos repetidamente!

Recapitulemos os cortes especificados anteriormente à abordagem nodal:

Em *A identificação* (S9, 1961-62), Lacan já havia examinado o efeito de dois tipos de corte no toro: corte fechado de uma só volta sobre o "desejo" (efeito simétrico no toro do Outro) e corte de dupla volta (efeito antissimétrico).

Já vimos, em mais de uma ocasião, que no "O aturdito" (1972) Lacan enfatiza esse corte de "oito" que, no *cross-cap*, separa, des-constrói (atravessa?) a fantasia: sujeito (banda de Moebius) de um lado e, do outro, rodela do objeto "*a*" (ver *Guia topológico*, p. 106-107). Recordemos a singularidade desse corte de dupla volta, o corte "em oito": por um lado, ele remete à natureza diferencial do significante; por o outro, no ponto do cruzamento do trajeto em oito, evoca a mesmidade do que seria o ponto do "real". Esses dois momentos ilustram, portanto, o recurso a diferentes tipos de corte.

Podemos recordar outros tipos de corte no toro e examinar a maneira como eles podem levar à formação de um nó (no caso, um nó trifólio).

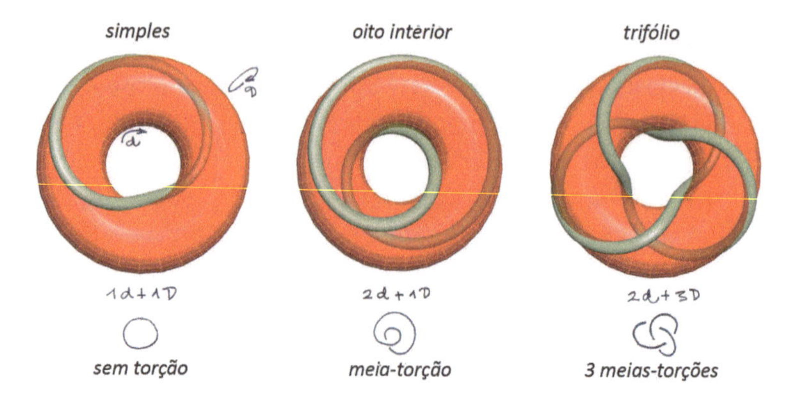

Fig. 17.12. Cortes que implicam os dois eixos do toro: o toro simples, oito interior, trifólio.

O que acontece com o corte de *dupla volta* no toro? O que chamamos de *dupla volta* percorre duas vezes o eixo do desejo (d), mas para a demanda (D) só se requer uma volta, ou qualquer outro número, desde que ímpar: com 1D faz oito interior e a partir de 3D faz nó.

Essas curvas — esses trajetos curvos — de "dupla volta" estão torcidas e com um número ímpar de semitorções. O corte em oito interior é a borda de uma banda de Moebius; em forma de trevo, corresponde à borda de uma banda de Moebius de 3 semitorções, essa que fecha o equador da superfície de Boy (ver p. 74).

• *Furagem e nó borromeano*

Ainda assim, um ano depois, em **14 de março de 1978**, Pierre Soury afirma que, "quando se fura um toro, cria-se um nó borromeano", e ele mostra a relação dessas superfícies com o nó borromeano. Tomando a borda e os eixos que atravessam os furos da superfície (vazios interno e externo) como cordas, pode-se verificar o processo.

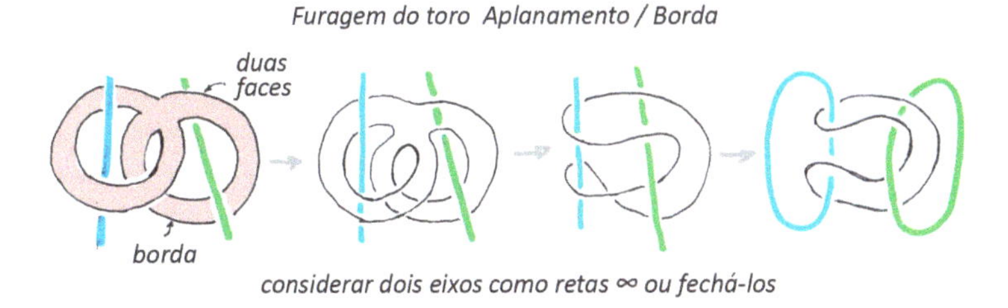

Fig. 17.13. Quando se fura um toro, cria-se um nó borromeano.

Pode-se partir dos desenvolvimentos que apresentamos ao analisar os três estados da palavra.

Para mostrá-lo, partimos dos toros furados desencaixados, mas seria possível fazê-lo a partir de qualquer uma das outras duas configurações ali apresentadas. As bordas dos toros encadeados jogam, em seus movimentos, com todo o campo dos três modos da palavra. Pierre Soury ilustra essa passagem do duplo sentido ao sentido branco na passagem de uma figuração assimétrica do NBo4 à sua figuração simétrica.

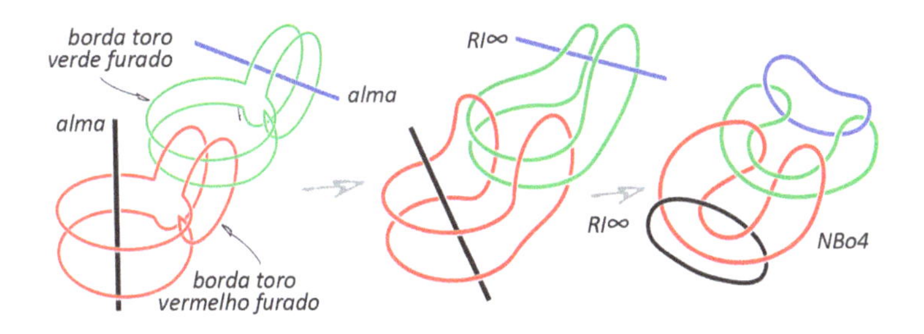

Fig. 17.14. Quando se furam 2 toros enlaçados, cria-se um NBo4.

E quando se trata de dois toros enlaçados furados, faz-se existir um NBo4, uma cadeia borromeana com quatro anéis. Lacan havia privilegiado, para a interpretação, o equívoco. Ele diz claramente em "O aturdito": o psicanalista deve usar (o equívoco) só onde convenha para a finalidade da experiência que é produzir, no toro da neurose, o corte do dizer.

Em **18 de novembro de 1975**, em *O sinthoma*, ele termina dizendo que só contamos com o equívoco como arma contra o sintoma. Em **11 de fevereiro de 1975**, em *R.S.I.*, havia dito: "a interpretação analítica implica um efeito de báscula do 'efeito de sentido' cujo alcance vai mais longe que a palavra".

Busca-se então um dizer silencioso que tenha um efeito de sentido real, nem imaginário nem simbólico... um dizer que forme um nó operando sobre o real do nó. Mas como?

Já vimos, no S23, como ele situava a operatividade do equívoco para fazer o inconsciente (S) entrar em consonância com a corda do sintoma... Ali fazer equívoco equivalia, da perspectiva borromeana, a puxar o que do dizer da análise faz nó.

Dizemos "da análise", *dizer da análise* — não forçosamente dizer do analista. Mas esse tipo de interpretação só opera sobre o inconsciente simbólico.

Lacan propõe outra maneira de pensar o equívoco no nível do nó. Já não é apenas puxar, é cortar e emendar o nó.

A direção do tratamento na entrada: manobra de fazer o sintoma "ressoar" com o inconsciente

Retomemos uma abordagem nodal do tratamento.

M. Bousseyroux (ver *Lacan el borromeo* [Lacan, o Borromeano], p. 104) precisa essa manobra de fazer o *sinthoma* entrar em "ressonância" com o inconsciente.

Ressonância que, num NBo4, pode se produzir no lugar onde o cadenó do NBo4 forma um *furo falso* entre o *sinthoma* e o simbólico (o inconsciente).

Os primeiros passos de uma entrada numa análise ilustram certo estado de um cadenó NBo4. Poderíamos, por outro lado, nos referir ao ponto de partida não como um cadenó, mas como um nó propriamente dito: o nó trifólio.

Quem vem se consultar conosco faz isso a partir de um "mal-estar" (mais ou menos severo) que, de algum modo, testemunha que algo se desestabilizou na forma do nó que, até aquele momento, lhe era suficiente para se manejar no mundo. De algum modo, sempre se trata de uma certa forma de desencadeamento do nó (falamos aqui do caso das neuroses, fundamentalmente, mas também pode ser válido para quando algum tipo de solução *sinthomática* falha numa psicose). A homeostase assegurada pelo *sinthoma* — seja qual for a forma que ele tenha — com a sua função de enodamento dos registros R, S e I foi perturbada.

Pode ser então que esse "mal-estar" leve alguém a se consultar com um analista. Sabemos a multiplicidade de ofertas de outros tratamentos, que não os da psicanálise, disponíveis no mercado capitalista — que desenvolve múltiplas formas de *construção* das subjetividades concordantes com seus objetivos e funcionamento.

Podemos falar hoje em dia de técnicas terapêuticas orientadas a formar subjetividades que entrem em ressonância com o mecanismo do discurso capitalista. É todo um tema tratado por vários colegas. Vale aqui evocar a maneira como Jorge Alemán — muito preocupado, entre outros (podemos citar também o nosso colega Josep Moya, em seu livro *Maldad culpa y responsabilidade* [Maldade, culpa e responsabilidade], Ediciones S&P), com essas formas de controle das subjetividades contemporâneas — insiste que, seja como for, "o crime não é perfeito..."; algo que vem da singularidade sempre resiste a essas orientações "neoliberais" da produção de subjetividades. Sempre resta uma margem de liberdade possível.

Não me detenho no tema, pois não corresponde ao objetivo do nosso *Passo a passo*, mas sabemos até que ponto ele é atual e objeto de interesse para nós, como psicanalistas.

O encontro com um analista na sequência da entrada volta a restabelecer, via transferência, certa forma de enodamento. O analista se "enoda", por assim dizer, como uma consistência "a mais" que repara o desenodamento que está na origem da consulta. Basta recordar a maneira como Lacan enfatiza, no seu S23 (p. 133), que "a psicanálise não é um *sinthoma*; o psicanalista, sim". O analista opera no início como um *sinthoma*. *Sinthomanalista*, como se expressa F. Schejtman. Entre transferência e interpretação, pode-se gerar essa consonância, essa ressonância entre o *sinthoma* e o inconsciente que se pode ler, num NBo4, no lugar em que a formação do furo falso forma o acoplamento entre o *sinthoma* e o simbólico.

A modificação do NBo4 por estiramento faz com que se passe de uma forma em que *sinthoma* e Simbólico estão entremeados a uma outra forma em que *sinthoma* e Simbólico entram em ressonância.

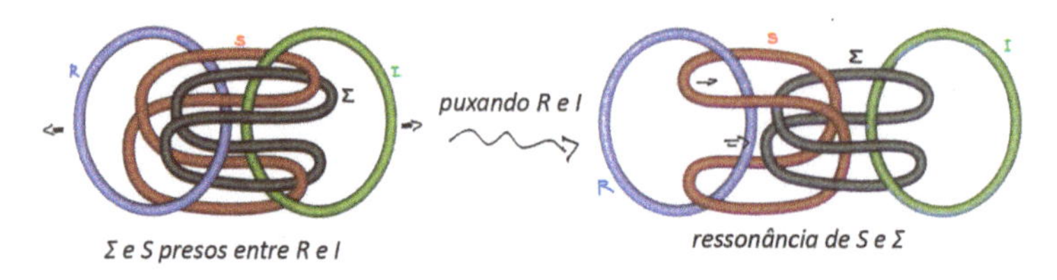

Fig. 17.15. Modificação do NBo4 por estiramento (S23, p. 22).

Essas diversas apresentações do NBo4 não implicam nenhuma transformação topológica do nó, visto que não efetuamos nem cortes nem emendas. Elas não passam de apresentações do mesmo NBo4 equivalentes entre si, mas que permitem a leitura do campo de operação em que o *sinthoma* (já *sinthomanalista*, consoa com o inconsciente).

Essa manipulação, nós a temos com outra forma em O *sinthoma*, p. 22.

Variações do NBo4 que se produzem em dois tempos. Um primeiro puxão do NBo4, que deixa R num extremo e I no outro, e mantém acoplados o inconsciente (S) e o *sinthoma* baralhados entre si. Um segundo *estiramento*, com outro puxão seco que permite ler o furo falso entre *sinthoma* e inconsciente.

Nesse momento, o *sinthoma*, na prática do tratamento, se acha claramente "emparelhado" com o inconsciente-linguagem, pois a partir dali se inicia o deciframento das formações do inconsciente.

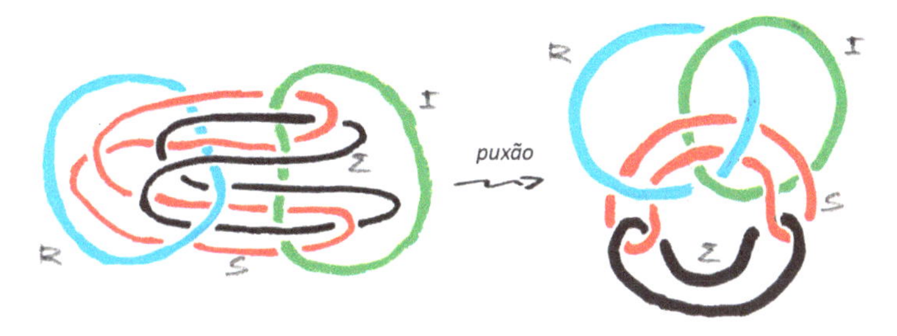

Fig. 17.16. Apresentação das modificações do NBo4 por estiramento, visto na apresentação "circular".

Essas modificações podem se produzir operando com os equívocos que já supõem certa abertura, ou ruptura, do senso comum dessa ou daquela expressão da palavra do analisante. Trata-se, portanto, de "jogar com a reversibilidade da metáfora, de modo que se desfaça a sua duplicidade" — duplicidade do sentido, precisa M. Bousseyroux.

Não obstante, essa primeira operatividade do tratamento não permite que se possa alcançar esse pouco de real que esperamos de uma psicanálise orientada para o real.

É assim que Lacan vai à procura — ele já não diz "não procuro, acho", mais se trata de "não acho, e procuro" — de uma operação interpretativa que, por um lado, reduza o valor de sentido do sintoma (do sintoma-metáfora) e que possa operar uma transformação no sentido nodal do próprio nó.

A solução final de uma análise orientada para o real é que ela não fique fixada nessa forma de análise em que o simbólico é dominante — que Lacan critica em diversas ocasiões, como já mencionamos —; que não se limite, então, a essa ressonância de que estávamos falando.

Com o NBo4 e suas transformações possíveis. Já mencionamos a manobra de estiramento que permite que o Simbólico e o *sinthoma* se acoplem, formando o que Lacan chama de "furo falso".

Lacan falou desse furo falso em termos de circularidade em suas "Conferências nas universidades americanas", sobretudo em Yale e em Massachusetts (publicadas em *Scilicet* 6-7). Ali desenha a circularidade entre o *sinthoma* e o inconsciente, para aclarar que ela nunca se esgota; é como um parafusar sem fim, girando em falso, infinitamente, em torno do Recalque Originário do inconsciente: furo irredutível.

No (S23), em 9 de março de 1975, Lacan afirma que a cadeia borromeana nos permite "a verificação do furo falso"... Verificação que não deixa de implicar uma transformação desse "furo falso". Uma operação para poder transformá-lo em "furo verdadeiro", que, recordemos, Lacan situa no NBo3 aplanado, na interseção entre Real e Imaginário, lugar do gozo Outro — que não é Gozo do Outro, que não existe. Ele já havia aludido a manobras para transformar um furo falso num furo verdadeiro, atravessando-o por uma Reta Infinita.

Não obstante, é preciso mostrar que também se produz um "furo falso" entre o real e o imaginário, e que também coloca em funcionamento uma circularidade.

E será preciso operar também sobre esse "furo falso" para acoplar o Sinthoma não mais com o Simbólico, mas com o Real.

Cabe, então, voltar a salientar que a operatividade do tratamento orientado pelo real passa previamente pelo tratamento da consonância entre o *sinthoma* e o inconsciente-linguagem. Momento para o qual a interpretação via o ou os equívocos é primordial.

O analista deve ser sensível ao equívoco (ao *pun*, ao jogo de palavras, ao trocadilho etc.).

"A interpretação deve sempre [para o analista] levar em conta que, no que se diz, há o sonoro, e que esse sonoro deve consoar com o que acontece com o inconsciente" (Lacan na Columbia University). E ele retoma isso no S23: "é só o que temos, como arma, contra o sintoma: o equívoco". "É preciso que haja no significante algo que ressoe".

Mas essa ressonância é da ordem da palavra e está, antes mesmo, do lado do analisante. Não há dúvida de que o analista deve ser sensível a essa ronda para abalar o que aparece como dito pelo analisante.

Fazer ressoar é a única maneira de tocar algo do gozo-sentido que está encarnado no sintoma, do que o sintoma diz: algo de um gozo que lhe é próprio.

Nesse momento, Lacan faz a interpretação do analista vir no lugar do redondel do Simbólico acoplado ao *sinthoma*. Sem dúvida se podem fazer muitas coisas com a palavra... e muito particularmente, por exemplo, desloca as montanhas do recalque!

Não obstante... ex-siste um real, esse real que a palavra não desloca.

Final de uma análise desde a perspectiva nodal

Convém, então, examinar que possibilidade temos de conseguir um "final" da análise. Final em que Lacan sempre apostou e com o qual ele sempre se preocupou. Como conceber a finitude de uma análise? Como se a concebe a partir de uma perspectiva nodal?

Sabemos que, do ponto de vista da palavra sob transferência como deciframento do inconsciente, a tarefa é infinita, a análise permanece na infinitude.

Mas se o final não encontra seu princípio operatório na palavra e na estrutura da linguagem; se não podemos nos contentar, para a "partida final", com os três estados da palavra... então, o que fazer?

De onde extrair o princípio da finitude de uma análise? Nada menos que da não verossimilhança (termo que encontramos no "Prefácio" de 1976) do real, desse real que jaz no núcleo do sintoma como gozo incurável e opaco, inverossímil — quer dizer, alheio a toda captação pelo semblante, pelo símile, pelo sentido).

• *Além do Édipo*

Faz-se evidente, desse modo, que a via do Édipo não é a via real para uma análise. A metáfora paterna fracassa — a essa altura já sabemos — no que concerne a alcançar esse *real* opaco do gozo. Tema aventado cedo por Lacan no seminário 18, em **9 de junho de 1971**, em notas preparatórias que não foram incluídas no seminário, mas estão publicadas no número 8-9 da revista *L'Unebévue*, de 1997.

Essa tese do fracasso da metáfora paterna já estava presente desde 1971. Então se assiste a uma espécie de "rebaixamento", se me permitem, da sempre vangloriada função paterna: o Nome-do-Pai é um semblante... Lacan não o menospreza, sem dúvida, e inclusive aconselha: servir-se dele para dele poder prescindir. Nisso consiste o "ir além do Édipo". Por outro lado, que ele siga, ou não, ocupando uma função dominante nas nossas sociedades contemporâneas ocidentais, isso é algo que, sem dúvida, se questiona, e esse questionamento se manifesta no que se costuma chamar de formas sintomáticas, novas formas de sintomas, que não se acoplam tão facilmente ao inconsciente. O que conduz, sem dúvida, a novas considerações sobre a condução do tratamento e a referências clínicas, por assim dizer, "tradicionais", muito particularmente no campo das soluções "neuróticas" clássicas que se enodam em torno do *sinthoma* "pai".

Como abrir, então, o campo desse analisar além do Édipo?

• *Um dizer do não-todo?*

Diríamos que a orientação rumo ao real implica a abertura de um dizer do não-todo, que, sem dúvida, não remete unicamente a um eventual dizer "feminino", mas remete a todo dizer não uniformizado, *désassorti*, desconcordante, descompletado do *sinthoma*.

Pode-se então apostar numa análise que abra o campo para esse dizer, que difere do plano da palavra. Um dizer que alcance esse pouco de real que se encontra como gozo opaco no núcleo do sintoma, ali onde toda metáfora fracassa e onde a letra que o fixa se verifica como sendo sempre incerta.

Nesse sentido, não teríamos outra testemunha do real além desse dizer:

– dizer "não há proporção sexual" no que concerne ao inconsciente, o que o sintoma não cessa de escrever;

– dizer do "há borromeano" para o dizer do *sinthoma*, que permite que "o sintoma, cesse de se escrever".

Tudo aponta, então, para uma passagem — contingente, sem dúvida — pelo ato de dizer, isto é, por um agente — o analista — que dele se encarregue no discurso que promove.

• *Da fantasia ao sintoma*

Em algum momento, Lacan havia afirmado que a única porta de entrada para o real era aberta pela fantasia, não porque a fantasia fosse "real", é claro, mas porque ela vinha nesse lugar de tamponamento do real. Daí a importância outorgada à "angústia", não unicamente como sensação do desejo do Outro, mas como abertura para o real, afeto do advento do real.

A partir de "A terceira" (1974), Lacan vai colocar claramente a ênfase no real do sintoma que não se pode classificar em tipos definidos. Em contrapartida, há tipos de fantasias, de histeria, de obsessão... Em contraposição, o sintoma é singular, marcado pela contingência e a necessidade. O singular do sintoma é efeito da sua contingência, encontro contingente com o "real", ao passo que sua necessidade provém da sua repetição, do seu "não se deixa de escrever". O núcleo de gozo real do sintoma de cada um sempre é estritamente singular. Nesse sentido, não há *tipicidade* alguma do sintoma. Não obstante, formas nodais das diferentes neuroses podem ser clinicamente examinadas.

Diferentemente do real, a fantasia não está excluída do sentido... ela sempre pode remeter a uma frase — por exemplo, à bem conhecida frase de "Bate-se numa criança". Em contrapartida, o gozo opaco do sintoma não pode se expressar por nenhuma frase axiomática; ele escapa, assim, à tipicidade da fantasia e do desejo.

- ***Incurabilidade do sintoma, mas redução (ou desvalorização) do gozo fálico***

Se o sintoma é incurável, incurável enquanto portador desse núcleo de gozo opaco em torno do qual não se deixam de escrever as formações inconsciente, então que transformação se pode conceber?

Passando pelo sentido (deciframento das formações do inconsciente) será possível despojá-lo dos seus "envoltórios formais" (que o enodam ao imaginário), e reduzi-lo a seus elementos mais "literais" (letra pela qual se enoda com o real).

Não devemos esquecer, é claro, que o sintoma pode servir para uma função diferente do gozo: a de nomear e enodar — função de *sinthoma*... e já vimos que não é patrimônio apenas do sintoma!

Mas no que tange a seu "núcleo de gozo", é preciso uma desvalorização, uma redução do gozo do sintoma que o enoda à palavra e ao sentido — que passa sempre pelo gozo fálico —, que abra a porta para dar passagem para um gozo outro que não o fálico.

Dois "finais de partida"?

Pode-se postular que haveria, por fim, duas maneiras de pensar o final do jogo analítico, como insiste sustentar M. Bousseyroux.

Uma maneira que Lacan apresenta em *L'insu*, qualificando a si mesmo como perfeito histérico. Um final à moebiana, com dissolução do sintoma fundamental do sujeito histérico, desse sujeito que histericizamos na análise.

A outra maneira seria a borromeana. A maneira de identificação com o sintoma.

Tanto em um caso como no outro, diluiu-se a consistência do padecimento do sintoma.

A eficácia de um dizer produz um efeito de nó que extrai o sujeito daqueles nós impertinentes nos quais ele estava preso...

E de nenhum modo, é claro, o privilégio dado ao sintoma deixa de lado o necessário tratamento da fantasia (não vou me deter nesse ponto).

Na próxima lição, vamos avançar com o nosso último passo e examinar o já anunciado achado central de Lacan nessa perspectiva nodal: o nó borromeano generalizado (NBoG).

18 | O nó borromeano generalizado

Julho de 2019

A topologia e o tempo: generalização do borromeano
J.-M. Vappereau e o NBoG
Michel Bousseyroux e o NBoG
Estatuto do sintoma/*sinthoma*
Outra volta pela poesia.
Retorno ao dizer a partir da perspectiva borromeana
The end

Nesta última intervenção, e para concluir o nosso *Passo a passo*, colocamos na mira o Nó Borromeano Generalizado (NBoG).

Já mostramos esse nó borromeano generalizado com três anéis apresentado por Lacan, nos dias **13** e **20 de março de 1979**, nas aulas 7 e 8 de *A topologia e o tempo* (S26).

Fig. 18.1. Nó borromeano generalizado (NBoG), esquema simplificado.

A topologia e o tempo: generalização do borromeano

Vale a pena fazer um rápido percurso pelo seminário 26 de J. Lacan, *A topologia e o tempo*, de 1978 e 1979, para que de algum modo se possa apreciar o clima de dificuldade que ele implica. Lacan não cessa de se baralhar ao se confrontar com essa questão da generalização do nó borromeano.

Será, por outro lado, o seu último seminário. Cansado e baralhado, por fim deixará a palavra a A. Didier-Weill, J. D. Nasio e J.-M. Vappereau.

Em **21 de novembro de 1978** (1ª aula), Lacan salienta que há uma hiância entre a psicanálise e a topologia:

> Há, apesar de tudo, uma hiância entre a psicanálise e a topologia. É nisso que me esforço, nessa hiância; ela permite, na prática, fazer um certo número de metáforas. Há uma equivalência entre estrutura e topologia. [...] É preciso orientar-se na estrutura.

A hiância — interpreto eu — provém do fato de que, em nossa prática, não podemos deixar de recorrer às metáforas (isto é, ao sentido); e a topologia, por sua vez, se quer escrita fora de toda metáfora. Logo, ele proclama a *equivalência* entre estrutura e topologia. E, para concluir, diz que é necessário orientar-se na estrutura. E, portanto, orientar-se a partir da topologia.

Ou seja, há algo para fazer com essa hiância: trabalhá-la.

Uma vez mais evocamos o que salientamos como "paradoxo" entre a orientação de nossa prática rumo ao real (sem sentido, fora de toda metáfora) e o tratamento como prática do sentido, visto que opera por meio da palavra. Separar os efeitos da palavra de um dizer que concirna ao real não tem nada de evidente.

Lacan aborda em seguida a questão da "generalização dos nós borromeanos" (maneira como às vezes foi traduzido; de todo modo, sempre uso "borromeo", preferencialmente, e não "borromeano").

Como apontou J. Chapuis, o que agora interessa a Lacan é explorar as eventuais propriedades "borromeanas" dos nós para além das cadeias brunnianas (*brunnian links*), nas quais basta cortar uma única corda para que o nó se desfaça (como nossos NBo3 e No4). Ou seja, ele se ocupa de formas de cadeias não brunnianas nas quais se necessita cortar mais de um redondel para que elas se desfaçam.

Essa generalização consistiria nessas primeiras tentativas de examinar cadeias não estritamente borromeanas e examinar quantos redondéis será preciso cortar para que se desnodem totalmente. Quantos redondéis cortar para que um nó se desfaça? Com o NBo3 e o Nbo4 que examinamos até agora, bastava o corte de um redondel para que se verificasse a sua natureza borromeana, isto é, para que todos os redondéis se soltassem.

Lacan começa então por examinar um determinado tipo de cadenó e a testar como eles se desnodam cortando diferentes números de redondéis. Ele começa examinando soluções com nós de 5 e 6 cordas com a colaboração de P. Soury e J.-M. Vappereau.

Apresenta primeiro um nó com 5, no qual é preciso cortar 2 redondéis para que a cadeia se desfaça e os três restantes se soltem. E ele aclara que é possível fazer isso de 10 formas. Cortando 2 quaisquer, consegue-se desenodá-lo. Se apenas se corta 1 (qualquer que seja), obtém-se um NBo4.

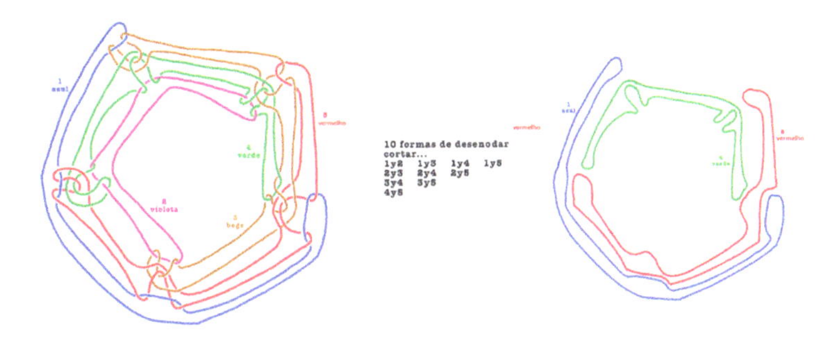

Fig. 18.2. Cadeia com 5 cordas (S26, 12 de dezembro de 1978), prova de uma das 10 formas de desenodamento (J. Chapuis).

Na 2ª aula, em 12 de dezembro de 1978, Lacan examina também um grupo de nós com 6 cordas, do qual circula um desenho de P. Soury. E ele descobre ser necessário cortar 3 para que os 6 fiquem livres. Soury esclarece em seu desenho que, eliminando apenas 2, resulta um nó NBo4.

Lacan afirma que há 35 formas de fazê-lo, mas J.-M. Vappereau retifica e esclarece que, para essa cadeia com 6, só há 20. Mas, em contrapartida, que há, isso sim, 35 formas possíveis de fazê-lo para um nó com 7 cordas — caso em que é preciso cortar 4 redondéis para que se soltem os 7. Teríamos, então, uma possível série para esse tipo de generalização dos borromeanos: nó com 3, basta cortar 1 para que todos se soltem; nó com 4, também basta 1; porém, a partir de 5, é preciso cortar mais de um redondel nessas cadeias: 2 para um de 5; para o de 6, cortar 3; e para o de 7, cortar 4.

Na aula de **19 dezembro de 1978** (3ª lição), Lacan volta ao tema do aplanamento do toro tal como o havia tratado em "O aturdito"... mas falta toda a última parte dessa aula, que não foi transcrita...

Na 4ª aula de **9 de janeiro de 1979**, Lacan aborda dois pontos importantes:

1) A questão da "escrita da não relação sexual". Guy Le Gaufey segue a pista para concluir que, por fim, não se encontra um suporte nodal para a não escritura da relação sexual. Fracassou, por outro lado, a prova da univocidade do nó. (Pode-se consultar G. Le Gaufey, O *não-todo de Lacan*, obra já mencionada acerca da possível "escrita" borromeana da relação sexual, tema já tratado em parte em *Passo a passo, vol. 2*).

2) A questão da metáfora. Para "tocar", digamos, realmente o real fora de todo sentido, cumpre sair do campo da metáfora. E os nós, Lacan acaba confessando, participam da metáfora.

O nó RSI está, ou não, fora da metáfora? Nós nos deparamos com uma segunda autocrítica de Lacan dessa parte de seu ensino. A primeira é quando afirmava que, por fim, não há cadeia no inconsciente.

Agora ele diz:

> A metáfora do nó borromeano no estado mais simples é imprópria. É um abuso de metáfora, porque na realidade não há coisa alguma que suporte o imaginário, o simbólico e o real. Que não haja relação sexual é o essencial do que enuncio. Que não haja relação sexual, dado que há um I, um S e um R, é o que não ousei dizer. Pelo menos disse. É bem evidente que tive culpa, mas me deixei deslizar... me deixei deslizar aí, muito simplesmente. É fastidioso, é inclusive mais que irritante. É ainda mais irritante porque injustificado. É o que me parece hoje; é, ao mesmo tempo, o que lhes confesso.

Nessa aula, é quando ele formula também a surpreendente pergunta sobre a possibilidade de um terceiro sexo. "Por que é que há dois, por outro lado? Por que não haveria um terceiro sexo?"

Mais adiante, em **15 de janeiro de 1979**, na 5ª aula, Lacan confessa:

> Estou irritado, mais do que qualquer outra coisa, pelo que lhes enunciei da última vez, a saber, que é necessário um terceiro sexo. O terceiro sexo não pode subsistir na presença dos outros dois. Há um *forçage* [forçamento] que se chama de iniciação. A psicanálise é uma anti-iniciação. A iniciação é isso pelo qual alguém se eleva... ao Falo. Não é tão cômodo saber o que é, ou não, uma iniciação. Mas, por fim, a orientação geral é que, o Falo, se o integra. É necessário que, na ausência de toda iniciação[, se seja, apesar disso,] homem ou mulher.

Descartada, então, a possibilidade de um terceiro sexo. Retornamos ao tratamento da diferença dos sexos a partir das modalidades de gozo apresentadas nas conhecidas "fórmulas da sexuação": delimitação de duas formas de gozo "sexuado", gozo fálico e gozo não todo fálico.

Salto, então, para a 6ª aula de **20 de fevereiro de 1979**. Momento em que Lacan se declara irritado por causa do "borromeano generalizado". Há uma intervenção de uma tal de Sra. Mouchonnant, bastante longa, que resumo. Ela afirma: o que é isso de o nó ser, ou não, é uma metáfora? Interessam-me os nós porque eles me servem na minha prática analítica... que estejam, ou não, no campo da metáfora não me importa; isso é um problema matemático (para os matemáticos), apenas: um problema que não me interessa. Eles me servem, e isso é suficiente!

Entretanto a resposta de Lacan é contundente, e nada complacente com essa afirmação que se limita a invocar seu uso na *prática*: "o que me interessa no nó borromeano é uma questão matemática, e é matematicamente que entendo tratá-la."

Mas ele também confessa: estou baralhado... Tentarei fazer melhor da próxima vez.

Em **3 de março de 1979**, 7ª aula, ele volta a repetir que, com o borromeano generalizado ele se baralha, já que "o borromeano generalizado não é pouca coisa". Insiste: "me baralho", e por isso "me despeço de vocês". Fim da aula.

Por fim, na 8ª aula, em **20 de março 1979**, "alguém" — sem dúvida, J.-M. Vappereau, que havia trabalhado a questão do "generalizado" com P. Soury e J. Terasson — "me escreveu para dizer que havia pensado" num "borromeano generalizado", e explica como obtê-lo a partir de um NBo4. É "colocando em continuidade" duas cordas, e "a questão é saber o que é homotópico"...

"A homotopia consiste em poder *transgresser* [transgredir, franquear] a figura. Resulta disso que o nó se desfaz. Basta atravessar a corda num ponto."

E alguém o corrige — suponho que deva ser Vappereau —: "é necessário que a corda seja atravessada em três pontos".

As três aulas seguintes Lacan deixa ao encargo de: Alain Didier-Weill, Juan-David Nasio e Jean-Michel Vappereau.

J.-M. Vappereau e o NBoG

Apresento as linhas gerais de um artigo de Jean-Michel Vappereau (revista *Essaim*, n. 21, 2008), o mais adequado para nos orientar nesse encontro de Lacan com o Nó borromeano generalizado.

J.-M. Vappereau começa recordando o que Lacan afirma em **21 de novembro de 1978** no seu seminário *A topologia e o tempo* (S26): o que do sintoma cessa é porque se escreve. "Cessa, de (por) se escrever": algo se escreve porque cessa de se repetir. A vírgula é fundamental!

> Ça ne cesse de s'écrire, ne cesse de ne pas s'écrire, entre nécessaire et impossible. Un jour ça cesse de ne pas s'écrire et ça donne lieu à un résultat. De là, le symptôme « cesse, de s'écrire », la virgule a son importance, à entendre : « du fait de s'écrire enfin, ça cesse de se répéter. (*Essaim*, n. 21, pp. 45-46)

> Isso não cessa de se escrever, não cessa de não se escrever, entre necessário e impossível. Um dia isso cessa de não se escrever e dá lugar a um resultado. Daí, o sintoma "cesse, de s'écrire" [cessa, por se escrever], a vírgula tem sua importância, cumpre entendê-la assim: "pelo fato de, no fim, se escrever, isso cessa de repetir-se".

Mas algo novo — isso é afirmação minha — pode se escrever! J.-M. Vappereau alude então a um novo tipo de objetos topológicos: os nós borromeanos fortemente generalizados.

A questão da "generalização" dos nós borromeanos — estudados primeiro por Brunn, em 1892 — foi esboçada por um tal de Hans Debrunner (1961) e acaba sendo estudada por David Penney (1969). Ela se refere a um tipo de cadeias nodais de n cordas, em que basta retirar um número m de redondéis ($m \geq 1$) para que todos os redondéis da cadeia se soltem. Elas são designadas como *cadeias* n–m, com $n > m$.

No decorrer do S26, a discussão em torno desses nós generalizados foi intensa. J.-M. Vappereau contou a crônica desse achado (*Essaim*, n. 3) a partir de intercâmbios entre P. Soury, Jean-Claude Terrasson e o próprio Jean-Michel Vappereau, que entrega o NBoG que Lacan apresenta em duas formas no dia **20 de março de 1979**.

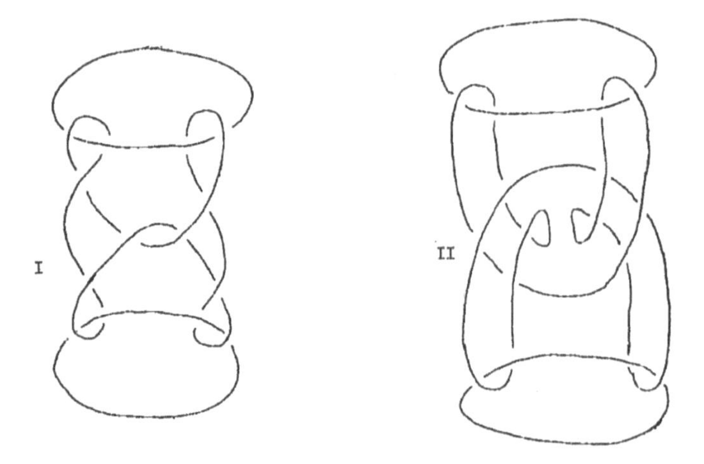

Fig. 18.3. As duas formas do NBoG apresentadas no S26 (*fonte:* versões estenográficas)

• *Desenodamento sem corte: nós próprios e impróprios*

Já dissemos em que consiste a problemática do "generalizado" do nó. Agora vejamos como J.-M. Vappereau o apresenta em seu artigo a partir de outra perspectiva que já dissemos nos interessar especialmente: trata-se de examinar *que tipo de cadeia nodal se pode desfazer sem cortar ou suprimir nenhum redondel da cadeia.*

Assim se introduz a "operatividade" de um desencadeamento sem corte que uma "tesourada" requereria. Para situar essa "generalização", deve-se levar em conta uma propriedade dos cruzamentos dos nós e dos movimentos de nós — sejam eles próprios ou impróprios:

- chama-se *cruzamento próprio* quando uma mesma corda cruza a si mesma. Quando o cruzamento é entre duas cordas da mesma cadeia, fala-se em *cruzamento impróprio*;
- um *nó próprio* (nó propriamente dito) é aquele cujos cruzamentos são todos próprios, isto é, ele conta com um único redondel, como o nó trifólio. *Nó impróprio* é o cadenó com mais de um redondel, como o nó borromeano que tem cruzamentos entre as suas três cordas.

O NBo3 e o NBo4 são nós impróprios. Não percamos de vista a diferença com os "cima/baixo" dos cruzamentos de um NBo3 que analisamos como "lapso" do nó e que se produzem nos cruzamentos entre diferentes cordas, gerando des-enodameentos no NBo3. Apresentamos frequentemente dessa forma os diferentes lapsos duplos (a, b, c) e os empilhamentos que eles implicam.

Recordemos que, na apresentação clássica do NBo3, temos seis cruzamentos, mas nenhum deles é *próprio*, todos são *impróprios* — isto é, não se trata de pontos de cruzamento de um mesmo redondel consigo mesmo. Nas apresentações clássicas do NBO3, e também na do NBo4, nenhum dos redondéis se cruza consigo mesmo. Eles são chamados, então, de *nós impróprios.*

Homotopia

Deve-se examinar a propriedade que será fundamental para o NBoG, a propriedade da *homotopia*:

– com o termo *homotopia* faz-se referência a algo que se pode fazer em cada cruzamento de uma corda consigo mesma, isto é, em qualquer um de seus *cruzamentos próprios*. Vamos expressar isso de uma maneira simples: o que se pode fazer é passar por baixo o que está por cima, e vice-versa, nos pontos de cruzamento da corda consigo mesma — em todos os cruzamentos ou apenas em alguns.

J. Chapuis comenta que convém esclarecer a diferença entre as operações de *corte+inversão+emenda* e *homotopia*. No primeiro caso, trata-se do que Vappereau chama de movimento *górdio*, ele converte um nó em outro distinto, desenodado ou enodado de forma diferente. Com a *homotopia* se introduz uma maneira de ler os nós de modo que o *corte+inversão+emenda* (o movimento *górdio próprio*) é reversível. Isso quer dizer que um ou outro nó — no caso, o NBoG — com *homotopia* é como que juntar dois nós distintos na nossa maneira anterior de considerar os nós. Considerar *homotopia* no nó trifólio poderia ser pensado como um outro modo de dizer o lapso trifólio e sua deriva em direção ao nó trivial.

• *Nós próprios e homotopia*

Essa propriedade chamada homotopia permite precisar uma operação pela qual todos os nós próprios se desfazem. Nesses casos, substitui-se o corte e a emenda, e os nós se desfazem sem recorrer ao corte de tipo tesourada. Para a nossa prática será, portanto, uma questão de cercar um "dizer que corte" — que "*tranche*", como diz Lacan noutro momento com relação à operação própria do analista.

J.-M. Vappereau ilustra as transformações homotópicas por deformação contínua de seus resultados com o fim de ilustrar como essa cadeia borromeana generalizada se desfaz sem suprimir nem cortar nenhum redondel.

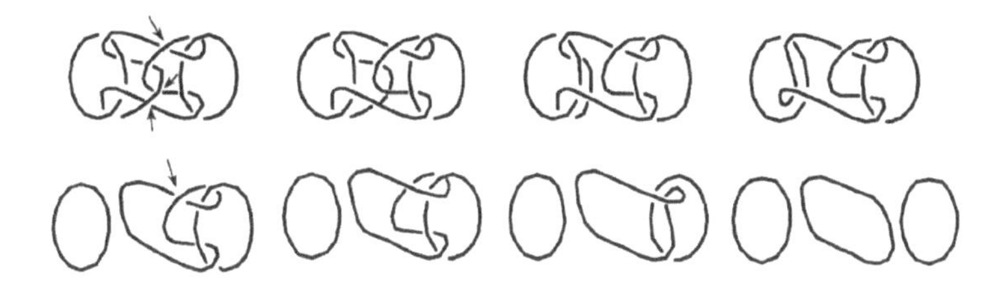

Fig. 18.4. NBoG desfeito por 3 homotopias
(J.-M. Vappereau, *Essaim*, n. 21)

A "generalização" desempenha um papel eminente. Porque o sintoma, segundo Lacan, é a sobrevivência de um antigo sistema de produção (digamos, o NB04) em um novo (o NBoG).

Daí Lacan ter se inspirado — pensa Vappereau — numa antiga grafia para utilizar sua nova grafia do *sinthoma.* M. Bousseyroux (em *Pensar el psicoanálisis con Lacan* [Pensar a psicanálise com Lacan]) nos informa uma curiosidade: esse termo *sinthome* encontra um primeiro uso no ano de 1363, no tratado de *Cirurgia geral* de Guy de Chauliac, o pai da cirurgia.

Michel Bousseyroux e o NBoG

Para uma apresentação esclarecedora desse NBoG, seguimos agora as indicações de M. Bousseyroux em *Au risque de la topologie et de la poésie* [Correndo o risco da topologia e da poesia], em *Lacan el borromeo* [Lacan, o Borromeano] e em *Pensar el psicoanálisis con Lacan* [Pensar a psicanálise com Lacan].

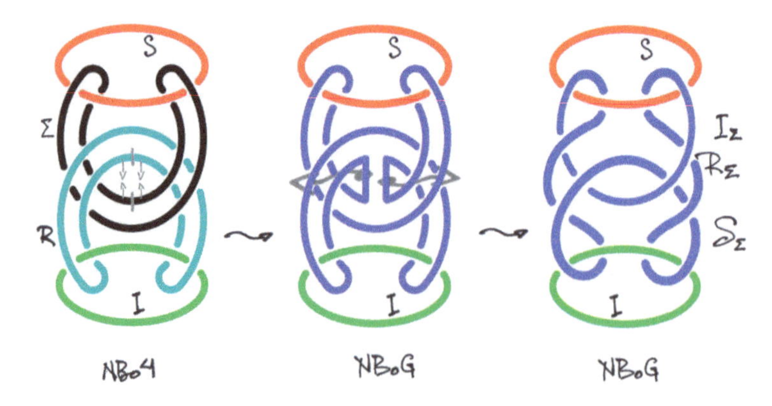

Fig. 18.5. Construção de nó borromeano generalizado (NBoG) a partir de um NBo4: corte de duas cordas, emenda de uma com a outra.

Para construir o nó borromeano generalizado, teremos de operar por corte e emenda para conseguir que:

— no NBo4 de partida, o *Sinthoma* se emparelhe no centro com o Real, e não com o Simbólico (S e I ficando nos extremos, portanto).

— com as duas cordas do centro — R e *Sinthoma* — se faça uma. Elas se colocam em continuidade (por corte e emenda); assim, R e *Sinthoma* ficam no centro da cadeia.

— O nó (NBoG) tenha agora 3 cordas, uma das quais forma um *entrelacs*, um entrelaçado com vários pontos de cruzamento *próprios* (da corda do meio consigo mesma).

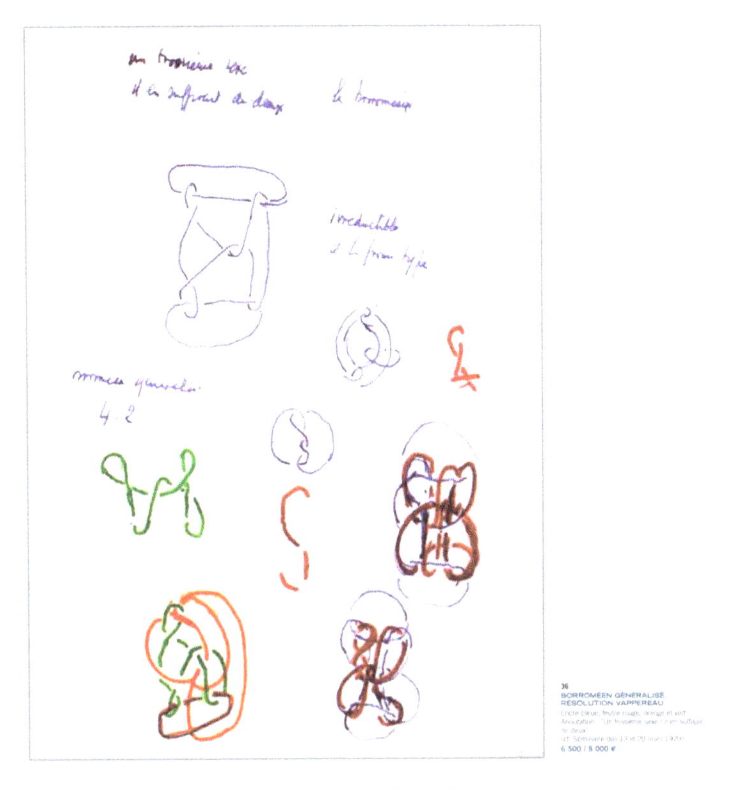

Fig. 18.6. Nó borromeano generalizado desenhado por Lacan
(*fonte:* catálogo Artcurial)

Lacan desenha a forma simplificada, que reduz os cruzamentos supérfluos do entrelaçado a 4. Essa apresentação, parte do catálogo de leilões Artcurial, se encontra entre os manuscritos que Lacan entregou a J.-M. Vappereau.

A busca de Lacan nos últimos seminários aponta para uma interpretação que opere sobre o próprio nó, de modo que sua metáfora (sintoma-metáfora, a do nó) se reduza na medida possível. Essa é a grande aposta de Lacan: conseguir que o nó se escreva fora de toda metáfora. Ele conseguir, ou não, segue sendo — ao que me parece — objeto de debate (ver nossa referência a É. Porge, assim como as reflexões de G. Le Gaufey).

Com esse nó borromeano generalizado, voltamos a ter 3 cordas; o *sinthoma* se fundiu com o real, perdendo a sua função nomeadora, mas agora as três cordas não são substituíveis — estão diferenciadas, não são substituíveis uma pela outra. Lembre-se que precisamente o fato de elas não poderem ser diferenciadas levou Lacan — em seu seminário R.S.I. — a desviar, vamos dizer assim, o NBo3, seja em direção ao nó com três (trifólio), seja em direção à cadeia borromeana com 4 (que chamamos de NBo4).

Uma das três cordas — a que resta do *sinthoma* reduzido a seu fragmento de Real — está entremeada, entrelaçada (*entrelacs*) consigo mesma.

Essa cadeia borromeana do NBoG difere dos outros nós borromeanos *impróprios* precisamente pela particularidade dessa corda que se entrelaça consigo mesma.

Temos, então, uma diferença que não é qualquer, quando passamos dos nós borromeanos (NBo3 e NBo4) examinados até então — nós impróprios — para esse tipo de nós *próprios*. Sem nos determos em tecnicismos demasiados, podemos recordar que até esse momento contávamos com uma "teoria" que nos permitia escrever o nó, aplanando-o sobre o papel de diferentes maneiras, prestando atenção aos cruzamentos das cordas (cima/baixo) entre diferentes redondéis R, S, I e *Sinthoma*.

Introduzindo a homotopia, uma corda pode atravessar a si mesma nos nós próprios. O que acontece quando invertemos o cima/baixo em um, ou mais de um, dos pontos desse *entrelacs*?

Se lemos a cadeia do NBoG aqui apresentada, e levamos em conta o que sucede quando passamos de cima para baixo em três dos quatro pontos do entrelacs no NBoG simplificado (os indicados com 1, 3 e 4 na figura abaixo), vemos que o nó se desfaz, ele se desenoda sem que tenhamos operado nenhum corte.

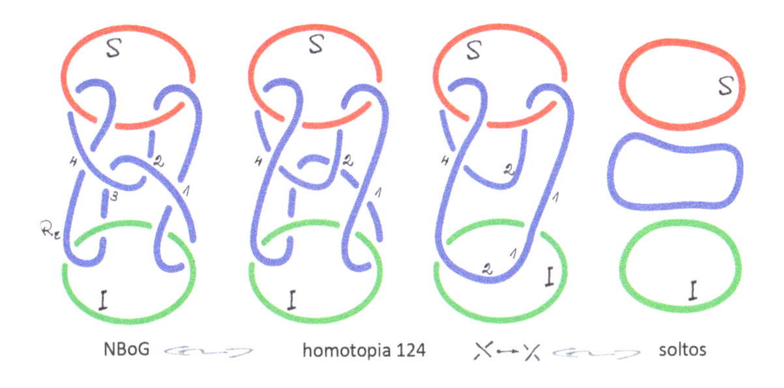

Fig. 18.7. Des-enodamento / enodamento por homotopia do NBoG.

A partir dessa *operação* de inverter cima/baixo, passamos de um enodamento para um des-enodamento *homotópico*; enodamento e des-enodamento são considerados homotopicamente equivalentes.

A leitura dessa forma do nó borromeano generalizado — que foi "o resultado do equívoco contrainterpretativo capaz de fazer cair o sentido", como afirma Michel Bousseyroux (MB.*Bo*.347) — mostra o seu desenodamento.

Tudo se dá em 3 de seus 4 pontos de cruzamento que permitem que se enode ou desenode esse novo nó borromeano com três consistências, que, como insistimos em salientar, não se confunde com o NBo3 que serviu a Lacan como ponto de partida para a sua aproximação do "borromeano".

Lendo essa escrita do NBoG com a nossa regra homotópica do equívoco, podemos sem corte algum perceber o movimento de desenodamento e enodamento. A noção de equívoco vinculada à palavra se desloca para a propriedade da homotopia, a do borromeano generalizado. Já não se trata de equívoco, mas de homotopia. Essa reversibilidade — ponto que queremos enfatizar — é precisada por M. Bousseyroux assim: "ela permite passar do real enodado do gozo, que não é sem sentido, para o real não enodado do gozo absolutamente fora de sentido" (MB.*Bo*.347).

Assim, o corte-emenda forma parte da grafia da escrita de um certo tipo de nó, o nó borromeano generalizado. Essa leitura do nó borromeano generalizado só está autorizada nessa escrita, em que "o enodamento do verbo [S] e o corpo [I], mediante o real encarnado no Sintoma [R], equivale [...] a seu desenodamento" (MB.*Bo*.346).

Com o NBoG se abre um campo de investigação muito pouco explorado. M. Bousseyroux comenta, de passagem, que o nó também admite uma fusão do *Sinthoma* com I, em vez de com R (indicada em *A topologia e o tempo*, S27, **20 de março de 1979**), dada a circularidade de R com I no NBo4.

Tudo isso nos leva a recolocar a questão de uma interpretação que permitisse alcançar — para um final da análise — esse jogo entre o real sem sentido (*au-sentido* radical do *au-sexo*) e o mínimo de sentido que implica cercar o real. Enodamento e des-enodamento entre sentido e sem sentido.

Estatuto do sintoma / *sinthoma*

A partir da leitura de M. Bousseyroux — em particular do capítulo 11 de *Pensar el psicoanálisis con Lacan* [Pensar a psicanálise com Lacan], Ediciones S&P —, façamos o percurso do estatuto do sintoma no começo até o *sinthoma* no final da análise — leitura que pode se confrontar com a já comentada, de F. Schejtman, sobre os quatro estados do *sinthoma*.

Já dissemos que não vemos inconveniente — como F. Schejtman — em falar de *sinthoma* não somente para o final da análise. A pergunta decerto segue sendo, no que concerne à forma do *sinthoma*, a que transformações uma experiencia analítica leva. Podemos, é claro, falar em *sinthoma* fora da análise — o caso de Joyce é exemplar, e é precisamente a partir dele que Lacan recorre à escrita *sinthoma*.

Nesse *sinthoma* de final (digamos, de um final com passe), se trataria, é claro, de acessar a experiência, a escrita, de um real fora de sentido — desligado, então, de seu enodamento diferencial com o simbólico e o imaginário. Tudo deverá se passar numa experiência de enodamento/des-enodamento que é a que apresentamos com o NBoG.

Não se trata, como no NBo3, da destravamento do "a", passagem do NBo3 ao NBo4 passando pelo lapso que desfaz o NBo3. Se tratará do destravamento do "sentido" (*jouis-sens*) do sintoma e de seu gozo fálico.

A história do sintoma na psicanálise — não iremos retraçá-la — inicia com o sintoma da histérica, que se pode ler e decifrar.

Mas essa via da decifração se depara com o ponto de opacidade do sintoma que resiste a toda decifração. Esse ponto concerne ao gozo que ele implica. Já abordado em R.S.I., em **10 de dezembro de 1974**, o sintoma "é o real, na medida em que ele faz das tripas coração para impedir que as coisas andem"... é o "que responde no real".

O sintoma, como letra que se goza sozinha, sem o sujeito, no real do inconsciente, é mais opaco que a fantasia — cujo gozo está enodado a um sentido, a uma "*jouis-sens*", um gozo do sentido.

A "meta" do final da análise aponta para uma *dit-solution* (dito-solução, uma solução que passará pelos ditos e pelo dizer) do sintoma, que está vinculada a uma desvalorização do gozo fálico que induz sua repetição — o fato de que "não cessava de se escrever" — e a possibilidade, então, de que o "sintoma cesse, de se escrever".

Trata-se de desvalorizar esse gozo — fálico, que se apoia nos Uns do inconsciente —, como já dissemos, para uma abertura ao "não todo", saída da falsa universalização do "todo" baseada na "exceção" de "ao menos um que..."

Opera-se, então, uma dupla separação:

– o sintoma se separa do sentido — pela via do equívoco —, mas também

– o sintoma se separa do gozo fálico dos Uns do inconsciente — que estão em jogo na repetição.

O que significa desvalorizar o gozo do sintoma? Pela via de uma solução (*dit-solution*), que não se concebe como um desaparecimento. Essa "desvalorização" tem como condição o esvaziamento prévio de seu sentido fantasístico. Nesse sentido, sem dúvida se pode afirmar que o atravessamento da fantasia é condição prévia para a identificação com o *sinthoma* do final de análise.

Quando Lacan fala em "identificar-se com o sintoma", salienta que se trata de tomar certa "distância" desse sintoma e do valor fálico que ele traz consigo.

Não nos esqueçamos de que é pelo — e no — discurso analítico, em que "o analista é o complemento do sintoma do analisante, que a escrita *in progress* dos enodamentos borromeanos deve ser lida sobre o aplanamento do inconsciente que desfralda a transferência" (MB.*Pen*.225)

E recordemos também que o NBo4 não espera a análise para se formar num neurótico — ele costuma se formar na fase fálica/edípica. "Não obstante, o nó borromeano possui uma ancoragem específica na experiência do tratamento e uma incidência na prática do analista" (MB.*Pen*.226).

No decorrer de uma análise é quando se escrevem as modalidades do enodamento R, S, I e *sinthoma*, bem como as suas possíveis transformações.

A solução borromeana do final é uma dessas transformações que desemboca na *dito-solução* do sintoma no real borromeano que o dizer da análise enodou na transferência.

A interpretação aponta então para produzir um acoplamento do *sinthoma*... com o real... ou com o imaginário (em geral, esse último acoplamento seria mais próprio da psicose).

Voltemos a traçar a sequência operatória a partir da perspectiva nodal do percurso de um tratamento orientado para o real e a finitude da experiência.

A passagem do acoplamento *sinthoma*/Simbólico ao acoplamento *sinthoma*/Real implica uma mudança de papéis no NBo4, ou, conforme o caso, um *swinging* ou mudança de par (para esse ponto, pode-se consultar FS.*Sth.*208).

Depois do acoplamento *sinthoma*/Real no centro do nó, essas duas cordas (o Real e o *sinthoma*) são postas em continuidade a partir de uma operação de corte e, depois, de emenda.

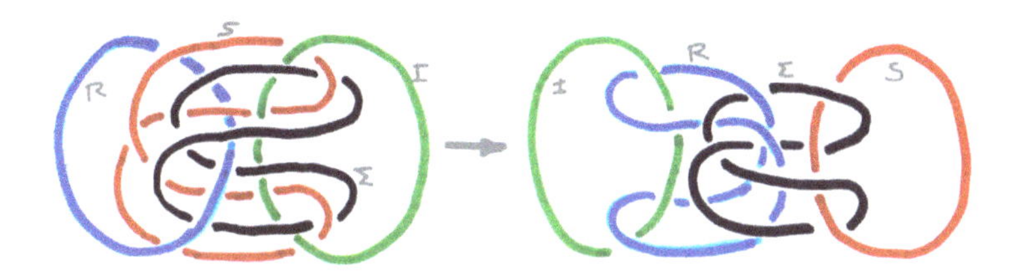

Fig. 18.8. Mudança de posição por diversos movimentos.

Temos então os quatro pontos de atravessamento da única corda obtida por emenda do *sinthoma* com o real. Privilegiam-se três desses quatro pontos de atravessamento que permitem a aplicação da propriedade de homotopia.

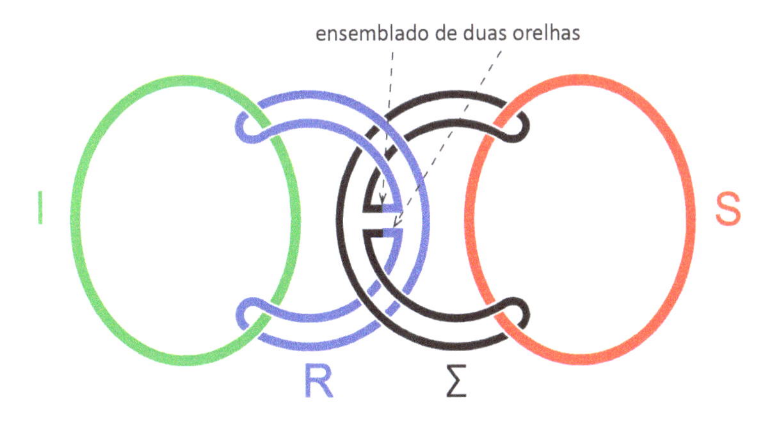

Fig. 18.9. "A interpretação por emenda no nó borromeano com quatro cordas" (MB.*Bo.*168, Fig. 10).

A especificidade do NBoG, diríamos, original jaz no fato de que se obtêm, como dissemos, dois nós equivalentes do ponto de vista da homotopia. O NBoG equivale *homotopicamente* ao mesmo nó desenodado.

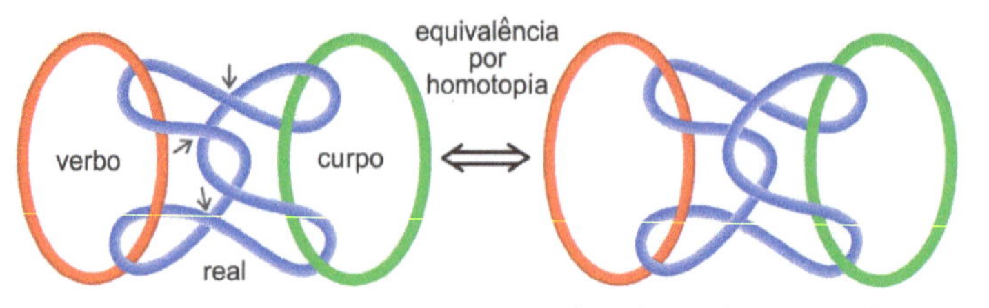

Fig. 18.10. "Decifrar o real do nó como triplamente autoatravessável é desfazê-lo" (MB.*Bo.*373, Fig. 20).

Esse NBoG é, portanto, retomemos as palavras de M. Bousseyroux, equívoco. Equivocidade entre enodamento e des-enodamento. Equívoco homotópico — prossegue Bousseyroux — próprio do real.

O real se lê, então, duplamente: são as três cordas na medida em que enodadas; e são as três não enodadas, livres, antes de se enodarem ou depois de se desenodarem.

Digamos que, por fim, como já havíamos detectado antes de considerar o NBoG, o real se escreve num duplo nível: o real sozinho — portanto, desenodado — e o real enodado. A propriedade da homotopia permite ler simultaneamente, por assim dizer, essa dupla escrita.

Lacan chama esse NBoG de nó borromeano-corte.

Com essa perspectiva adquire-se, digamos, uma nova dimensão da operatividade do "corte". Lacan buscava uma escrita borromeana do corte, como dizia M. Bousseyroux; uma escrita do dizer que, na medida em que o dizer faz nó, tenha valor de corte!

Um dizer, portanto, que enoda e corta de uma só vez!

Podemos, então, com a escrita desse NBoG, falar de um nó que dá conta de uma "passagem" pelo real?

Seria essa a *passagem pelo real*...

O axioma do qual havíamos partido — de que o borromeano primeiro é três (ver *Passo a passo, vol. 1*) — deve ser matizado agora.

O real do três, o real dos três, provém do quarto, do NBo4. Pois é a partir do NBo4 que se gera o real como livre "de suas cadeias", por assim dizer.

Em *Passo a passo, vol. 1*, procedemos no sentido inverso. Foi a partir do lapso do nó que se examinaram, que se construíram as suplências possíveis recorrendo à consistência de uma consistência a mais, a 4ª corda, a do *sinthoma* (Σ). Havíamos seguido a sequência seguinte: NBo3, seu lapso e, em seguida, a sua suplência passando para o NBo4 com o *sinthoma* enodador e reparador.

Podemos agora conceber um estado de des-enodamento/enodamento a partir do final da experiência analítica.

Passou-se do NBo4 ao NBoG, que é um nó borromeano com 3 enodado/desenodado, visto que contém, na sua própria especificidade, na sua própria natureza, o real enodado e desenodado de uma só vez.

Esse nó borromeano com 3 redondéis, que é o NBoG, não encurrala nenhum "a". Ele modifica, então, a borromeidade, isto é, o que se escreve como real. O real remete agora ao corte; podemos dizer que ele se escreve agora como corte, corte do real desenodado em que se pode ler o gozo fora de sentido ou liberado do seu "nó". Por fim, supõe desfazer o baralhamento entre a verdade do sintoma e o real.

Em 1967, o passe é passar por uma porta cuja dobradiça é a falta que constitui a divisão do sujeito e o objeto "*a*".

Em 1976, a dobradiça está situada no ponto onde "falta a falta" (ver o "Prefácio..." de 1976), apontando, então, para esse real fora de sentido.

O "que se lê" é o real de um dizer, inferido detrás dos ditos ("O aturdito"): o gozo do inconsciente subjaz, "*subs-stance* [sub-estância = estância por baixo] por baixo do dizer". Possibilidade, então, de ler o gozo que jaz debaixo do dizer e que pode se escrever...

Ao passar pelo NBoG, teria se aberto a via para cercar um real fora de toda metáfora.

A perspectiva borromeana não programa outra entrada borromeana, então, que não pela via do sintoma.

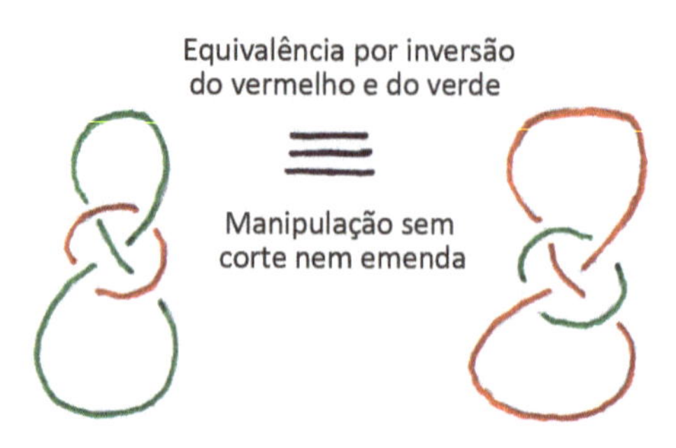

Fig. 18.11. Cadeia de Whitehead da fantasia (*Passo a passo, vol. 2*, p. 120). Intercambialidade (equivalência) entre o oito e o círculo.

Nessa perspectiva borromeana, a fantasia não é uma entrada no real, visto que, como vimos, o cadenó que o escreve não é borromeano e consiste em apenas duas consistências (cadeia de Whitehead) equivalentes entre si.

O real do NBo3 não passa de uma aproximação metafórica da enunciação axiomática da impossibilidade da escrita da relação sexual.

Lacan insistiu que, tanto com o NBo3 como com o NBo4, ele não deixou de se apoiar em deslizamentos metafóricos.

Sendo o objetivo de 1976 (ver o "Prefácio...") a queda do sentido e a desvalorização do gozo fálico associado ao sintoma, ali se evocava um real fora de toda metáfora, o inconsciente em sua dimensão real (ver C. Soler, *O inconsciente reinventado*).

O NBo4 se formou na análise com o analista como complemento do sintoma — o *sinthomanalista*, como dissemos, retomando a expressão de F. Schejtman.

Podemos agora afirmar que, no final, o NBoG guarda o rastro mnêmico, a memória, a marca da falha de base. O des-enodamento do final não provém de uma falha do nó; ele provém de uma leitura que desliga, que desfaz *suficientemente*... uma leitura que "*satis-desfaça*" — como afirma M. Bousseyroux (MB.*Bo*.374) — o que havia como gozo vinculado ao sentido.

A equivalência homotópica é reversível, claro; e não é que se almeje, no final de uma análise, deixar um *parlêtre* em tal estado de "des-enodamento", que bem poderia precipitar diversos tipos de "passagem ao ato".

Como acontecia com a banda de Moebius em "O aturdito", há de se perceber que a apresentação desse real é, ao mesmo tempo, um desaparecimento. A banda de Moebius é apenas o corte que a causa fazendo com que ela desapareça. De igual maneira, o real no NBoG "é o que desaparece com a sua apresentação. De modo que levar em conta o real é levar em conta o seu desaparecimento, mais que os seus aparecimentos!" (MB.*Bo*.375).

Retorno ao dizer a partir da perspectiva borromeana

• *Corte em 1976*

Com os nós, Lacan se inclina a dizer que, para o *parlêtre*, só há entrada no real pela via do sintoma: uma mudança de posição com relação à "Proposição..." de 1967. Então, a análise em sua entrada passa a poder se definir — da forma como vimos na p. 149 — como o enodamento obtido pelo acoplamento entre o sintoma e o inconsciente.

Será o caso, então, de saber como, ao final, esse nó se desfaz? Já examinamos o corte proposto seguindo a proposta de 1967, que conhecemos como "passe" pelo objeto.

Esse outro corte, de 1976, corte do dizer, não segue aquele trajeto que faz com que o nó tórico se feche num oito interior ou num trifólio, ou noutro ímpar (ver *Fig. 16.5*, p. 93 e *Fig. 17.12*, p. 99).

Tampouco se trata de cortar um redondel deixando-o solto, o que deixaria a pessoa louca.

M. Bousseyroux (MB.*Bo*.105) propõe esse corte do dizer como vinculado ao sexo, e ele fala de um "dizer do sexo".

• ***Dizer que concerne à equivocidade borromeana***

Como vimos, é um "dizer" referido à equivocidade borromeana, à homotopia do NBoG. Um corte que é propriedade intrínseca da grafia do NBoG.

Todo corte busca pôr fim à repetição. Para a repetição da demanda temos como solução o corte que chamamos de dupla volta da interpretação (ver p. 93), o qual modifica a estrutura do toro da neurose. Ele corresponderia ao dizer no passe que põe fim à repetição, porque a repetição contém um não querer saber da dupla volta do desejo, voltas que se deixam de lado quando só se contam as demandas — o esquecimento do dizer.

Em 1964 (S11), Lacan havia situado a repetição como vinculada a uma causalidade acidental do real: a *tykhé*. Há uma falha que provém do malogrado encontro do objeto: o objeto que se almeja nunca é o que se obtém; esse "não é isso" que vemos aparecer no centro do NBo3, lugar do "*a*". O azar, o infortúnio do real, impele o simbólico a repetir--se; ele estaria na origem da repetição.

A análise orientada pelo real almeja "revelar" esse encontro malogrado com o real. O ato analítico almeja, então, de algum modo, *re-suscitar* (ressuscitar e voltar a suscitar) esse encontro malogrado.

Não obstante, Lacan insistiu nisso, o nó borromeano segue contaminado com o sentido, ele não sai do campo da metáfora... até que Lacan encontra o nó borromeano generalizado (NBoG).

Mas a nossa pergunta ainda fica em aberto: como um dizer que, sem dúvida, produz efeitos de sentido pode ter um efeito de real?

M. Bousseyroux nos lembra que, nesse sentido, Lacan afirma sua preferência por uma "interpretação silenciosa" (ver RSI, em **11 de fevereiro de 1975**): "O efeito de sentido exigível do discurso analítico não é imaginário, tampouco simbólico: ele deve ser real. Eu me dedico a apertar o cerco do que pode ser o Real de um efeito de sentido."

The end

Chegamos ao fim desta apresentação do NBoG e das novas questões que se colocam.

Com essas 18 intervenções do nosso programa para seguir a via de um *Passo a passo rumo a uma clínica borromeana*, não pretendemos uma apresentação exaustiva da nova perspectiva aberta por J. Lacan com a sua topologia nodal nos últimos 10 anos de seu ensino.

Abre-se a possibilidade de colocar à prova essa nova perspectiva para a clínica e a prática analítica. Essa clínica está por ser feita; conseguir, ou não, vai depender de uma transferência de trabalho coletivo, examinando, antes de mais nada, tudo o que já foi elaborado por vários autores que encontramos ao longo do nosso percurso — tendo privilegiado, em particular, os trabalhos de Michel Bousseyroux e de Fabián Schejtman.

Resta muito por fazer. Por isso abrimos o já mencionado ateliê de trabalho de "clínica borromeana". Esperamos que essas intervenções reunidas em três volumes e publicadas nas Ediciones S&P, sempre com a estreita colaboração de Jorge Chapuis, sejam uma espécie de guia útil para orientar-se nesse caminho cheio de asperezas. Não somos os únicos a nos lançarmos nessa aventura. Da parte de nossa comunidade de escola (EPFCL) na França, abriu-se um "laboratório" que também aborda essa questão: ele foi convocado por B. Nominé e M. Strauss — e decerto recomendamos a nossos leitores remeterem-se aos trabalhos desse laboratório. A partir dessa transferência de trabalho coletivo talvez consigamos, ao final, falar, como diria F. Schejtman, de uma clínica borromeana digna desse nome. O futuro dirá...

Agradeço a quem nos acompanhou com sua presença assídua; levaria tempo fazer uma lista dos assistentes nessa jornada. Sem a presença desse público, eu não poderia ter me sustentado nesse percurso pelo último ensino de Lacan.

Sem dúvida alguma esse percurso não teria podido ser realizado sem a estreita colaboração de J. Chapuis e sua atenção particular para evitar que nos baralhássemos com os nós — nem sempre conseguimos —; sem contar com a sua ajuda para a apresentação gráfica das nossas ilustrações, bem como com a sua especial atenção aos paradoxos e aos pontos cegos com os quais pudemos nos deparar. De modo que, mais que uma colaboração, considero que ele é um verdadeiro coautor dessas três publicações do nosso Passo a passo.

Agradeço também a Laura Frucella, das Ediciones S&P, que realizou a última leitura necessária para afinar o bom uso da bela língua castelhana.

Rithée Cevasco, *dezembro de 2020*

Cronologia indicada

Antecedentes

6 de junho de 1962 (S9):
— corte simples e em oito interior no toro.
— toro do sujeito e toro do Outro que é "*décalque*", um decalque do primeiro.

11 de abril de 1962 (S9):
— distinção inicial entre furos redutíveis e não redutíveis no toro.

9 de maio de 1962 (S9):
— identificação do sujeito ao traço unário.

30 de janeiro de 1963 (S10):
— furos redutíveis e não redutíveis no toro.

9 de junho de 1971 (S18, notas preparatórias não publicadas):
— a via do Édipo não é suficiente...

14 de julho de 1972 ("O aturdito"):
— resumo de toda a topologia de superfícies até esta fecha.

■ ■ ■ ■ ■

Pré-história do nó RSI

(em, *Passo a passo, vol. 1)*

- Seminário 19, *...ou pior* (S19)

- Seminário 20, *Mais, ainda* (S20)
- Seminário 21, *Les non-dupes errent* (S21)

9 de fevereiro de 1972 (S19):
— Encontro de Lacan com o nó.

10 de março de 1972 (S19):
— O malogro do "dois".

1 de maio de 1973 (S20, Cap 10):
— Diversas representações do nó borromeano e apresentação de um nó "borromeano" com 13 anéis (Figura 6 com erro).
— Duas disposições do acoplamento dos eixos (dextro giro e levogiro).
— Nó trifólio.
— Apresentações de enlace de dois anéis.

22 de outubro de 1973 (S20, Cap 10):
— Respostas a perguntas de J.-A. Miller. Novas apresentações do nó e de cadeia de dois anéis, entre outros...

13 de novembro de 1973 (S21):
— Primeira sugestão de identificar os anéis do nó borromeano com as dimensões dos registros R, S e I. Nós dextrogiro e levogiro.

11 de dezembro de 1973 (S21):
— Nó RSI.
— no inconsciente não há cadeia de significantes, há Uns, enxame de Uns, autocrítica de Lacan.

18 de dezembro de 1973 (S21):
— Os nós do amor.
— Uso da trança.

8 de janeiro de 1974 (S21):
— Volta sobre a distinção nó dextrogiro e levogiro.

— Nós do amor.

15 de janeiro de 1974 (S21):
— Por que o real é três...? Porque não há relação/proporção sexual.

12 de março de 1974 (S21):
— Definição de corpo gozante. Os nós do amor.

14 de maio de 1974 (S21):
— Nós dextrogiro e levogiro.

11 de junho de 1974 (S21):
— [...] os *non dupes* [não bestas] é que erram, isto é, quem não está apaixonado pelo seu inconsciente *erre* [*erra*: comete erro e vagueia].

■ ■ ■ ■ ■

Lapso, suplências, nomeações
(em *Passo a passo, vol. 2*)

- "A terceira"
- Seminário 22, *RSI* (S22)
- Seminário 23, *O sinthoma* (S23)
- Conferências "Joyce, o sintoma"
- Conferências em universidades norte-americanas

1 de novembro de 1974 ("A terceira"):
— Espaço borromeano.
— Localização e atribuição de diversos conceitos, os gozos como irrupções de um registro em outro no nó RSI aplanado. Inibição, sintoma e angústia.

10 de dezembro de 1974 (S22):
— Lacan escreve o nó com 3 identificando, "nomeando" e colorindo cada uma das consistência como R, S ou I.

Nó borromeano mínimo, quer dizer, com 3 redondéis. Escrita "*mise à plat*", aplanamento.

— Localização dos gozos no nó como irrupções de um registro em outro: JΦ, gozo fálico; JA, gozo do Outro; mais adiante (S23), outro gozo: JȺ.

— O sintoma "é o real, na medida em que ele faz das tripas coração para impedir que as coisas andem [... é o] que responde no real".

14 de janeiro de 1975 (S22):

— Nó "*freudiano*" segundo Lacan.

21 de janeiro de 1975 (S22):

— Nova apresentação do nó aplanado de "A terceira". Modificação S em R, em vez de R em S.

11 de fevereiro de 1975 (S22):

— Apresentação de consistência, furo e ex-sistência. Também em 18/2/1975.

— Localização do sentido, entre Imaginário e Simbólico.

— Erro de Lacan ao desenhar o NBo4, também em 13/5/1975.

— O efeito de sentido exigível do discurso analítico não é imaginário, tampouco simbólico: deve ser real.

— "a interpretação analítica implica um efeito de báscula do efeito de sentido" cujo alcance vai mais longe que a palavra.

18 de fevereiro de 1975 (S22):

— Nó de Lacan, com nomeação simbólica e real.

11 de março de 1975 (S22):

— Não passemos mais o Simbólico na frente do Imaginário (S passa por baixo do Real e embaixo do imaginário).

— Outra apresentação do nó com quatro. Sempre com S por baixo de R e R por baixo de I: S<R<I.

18 de março de 1975 (S22):

— Lacan menciona que M. Thomé encontrou o "erro" da *Figura 6 de Mais, ainda.*

13 de maio de 1975 (S22):

— Apresentação do nó com 4, na última aula de RSI.

— O nó: enlace para não se enlaçar. Exemplo de erro de enodamento de nó com 4.

16 de junho de 1975 (Conferência "Joyce, o Sintoma"):

18 de novembro de 1975 (S23):

— Nó de três RSI. Empilhamento S<R<I não enodado e enodado com nomeação simbólica (meia-lua que bordeja S).

— Escrita de "*sinthome*".

— Nó do acoplamento *Sinthoma+Simbólico.*

25 de novembro de 1975 (Conferência Univ. de Yale):

— Apresentação de uma forma do NBo4.

■ ■ ■ ■ ■

O caso Joyce

(em *Passo a passo, vol. 2*)

- seminário 23, *O sinthoma* (S23)
- Conferências "Joyce, o sintoma"
- "Prefácio à edição inglesa do *Seminário 11*".

16 de dezembro de 1975 (S23):

— Escreve JȺ, em vez de JA, entre R e I: o furo verdadeiro.

— Trança com 8: borromeano com 4trifólios.

— Trifólio: paranoia e personalidade.

— Nó trifólio, lapso e correção. Também em 17/2/1976.

17 de fevereiro de 1976 (S23):

— Equivalência por inversão, Nó de Whitehead, Nó da fantasia.

— Estabilização da noção de *sinthoma* borromeano e sua operatividade clínica com o caso Joyce.

16 de março de 1976 (S23):

— O Nome-do-Pai é algo leve.

11 de maio de 1976 (S23):

— Joyce: o ego que corrige e a reconstituição do nó borromeano.

17 de maio de 1976 ("Prefácio à edição inglesa do *Seminário 11*"):

— Referência a James Joyce, sua arte e a psicanálise.

▪ ▪ ▪ ▪ ▪

O último período

(em *Passo a passo, vols. 2* e *3*)

- seminário 24, *L'insu* (S24)"
- "Prefácio à edição inglesa do *Seminário 11*".
- seminário 25, *Momento de concluir*
- seminário 26, *A topologia e o tempo*

31 de outubro de 1976 / 2 de novembro de 1976 (*Lettres EF*):

— O furo falso, o 2 é suspeito, cumpre chegar ao 3 para que se sustente.

16 de novembro de 1976 (S24):

— "[...] ir além do inconsciente".

— *Identificar-se* ao sintoma... ou ao *sinthoma*...

14 de dezembro de 1976 (S24):

— Cadeia (olímpica) das gerações: amor ao pai.

— "No fim das contas, sou um *hystérique* perfeito"

11 de janeiro de 1977 (S24):

— "*l'âme a tiers*" (alma-trina): um terceiro/ alma / matéria.

— "estou espantado com isso pelo qual, em suma, me sinto mais ou menos responsável, [...] por outro lado, poderia ter reservado apenas a mim a satisfação de brincar com o inconsciente sem explicar sua farsa, sem dizer que é por esse tipo de efeitos de significante que ele opera."

— Alternativa: loucura (des-enodado) ou debilidade mental (*sinthoma*).

18 de janeiro de 1977 (S24):

— Trança com seis movimentos. Aberturas e fechamentos.

— "[...] o real estaria suspenso muito especialmente ao corpo".

8 de fevereiro de 1977 (S24):

— "[...] com um único traço, figurei o engendramento do real, e que esse real se prolonga, em suma, pelo imaginário, sem que se saiba muito bem onde o real e o imaginário se detêm"

15 de fevereiro de 1977 (S24):

— "O inconsciente é justamente o que faz algo mudar, o que reduz o que chamo de *sinthoma*; *sinthoma* que escrevo com a grafia que vocês sabem".

26 de fevereiro de 1977 ("Palavras sobre a histeria"):

— "Um savoir qui se contente de toujours commencer, *ça n'arrive à rien*. [...] on fait un métier qu'un jour [...] j'ai qualifié d'*escroquerie*."

8 de março de 1977 (S24):

— "Quero precisar essa noção que tenho do Real. [...] Ela se distingue do que a ele se enoda. [...] Se podemos aventar uma noção do Real, é porque é algo consistente."

15 de março de 1977 (S24):

— a psicanálise poderia ser uma fraude, mas não qualquer...

— Palavra vazia, plena e "*tour de force*" do poeta.

19 de abril de 1977 (S24):

— Com a interpretação é preciso fazer ressoar outra coisa que não o sentido, e a poesia é fazer ressoar o corpo com a palavra

10 de maio de 1977 (S24):

— "*S.I.N.T.H.O.M.E.*" (tudo o que é mental, escrevo S.I.N.T.H.O.M.A.)

— Sentido branco, "*sens blanc*".

17 de maio de 1977 (S24):

— Lacan declara não ser "*pouâte assez*" (poeta o bastante).

— "[...] não sou um poeta, mas um poema", em "Prefácio à edição inglesa do *Seminário 11*" (1977).

15 de novembro de 1977 (S25):

— Diferença entre corte transversal (*section perpendiculaire*) e corte longitudinal (*section concentrique*) no toro.

13 de dezembro de 1977 (S25):

— Corte longitudinal e transversal no toro revertido de um NBo3.

20 de dezembro de 1977 (S25):

— Distinção entre palavra e dizer. O analisante fala. O analista corta, decide.

10 de janeiro de 1978 (S25):

— Face real do inconsciente.

— "[...] o final de análise é quando se deu duas voltas [ele evoca novamente o trajeto de duplo fecho], quer dizer, encontrou aquilo do qual se é prisioneiro".

17 de janeiro de 1978 (S25):

— "[...] fazer um corte é fazer muito mais que uma reversão, e fazer um corte é fazer mais que furá-lo [...]"

— Diversas operações de corte e reversão.

21 de fevereiro de 1978

— P. Sourry: variedade das operações que a "inversão" abarca.

14 de março de 1978 (S25):

— P. Sourry: diferenças entre *retournement* (reversão), *invertion* (inversão), *coupure* (corte), *trouage* (furagem).

— P. Sourry: "Dizer furagem é desinteressar-se pelo pequeno disco que resta, e dizer que o toro furado é isso. O toro furado é uma superfície com borda que está desenhada assim [mostra esquema]."

21 de março de 1978 (S25):

— P. Sourry investiga a relação (ou melhor, a não relação) entre a *toricidade* de uma superfície e a *furagem* da mesma.

11 de abril de 1978 (S25):

— "[...] não há relação sexual, exceto para as gerações vizinhas"

— Banda de Moebius com 3 semitorções.

9 de julho de 1978 (Encerramento do 9° Congresso da EFP)

— "Por que [...] escolhi esta escrita: S-i-n-t-h-o-m-a?"

21 de novembro de 1978 (S26):

— Hiância entre a psicanálise e a topologia. Equivalência entre estrutura e topologia.

— O sintoma: "Cessa, de (por) se escrever" A vírgula é fundamental!

12 de dezembro de-1978 (S26):

— Primeiro teste de uma série de nós para a generalização do nó borromeano.

19 de dezembro de 1978 (S26):

— Volta ao tema do aplanamento do toro como havia sido tratado em "O aturdito".

9 de janeiro de 1979 (S26):

— Questão da "escrita da não-relação sexual: "Que não haja relação sexual é o essencial do que enuncio"

— "[...] a possibilidade de um terceiro sexo. Por que é que há dois, por outro lado?"

— Tranças diversas.

— "A metáfora do nó borromeano no estado mais simples é imprópria. É um abuso de metáfora, porque na realidade não há coisa alguma que suporte o imaginário, o simbólico e o real."

15 de janeiro de 1979 (S26):

— "[...] é necessário um terceiro sexo. O terceiro sexo não pode subsistir na presença dos outros dois."

— Tranças diversas.

20 de fevereiro de 1979 (S26):

— "[...] o que me inquieta/interessa no nó borromeano é uma questão matemática, e é matematicamente que entendo tratá-la."

3 de março de 1979(S26):

— NBoG, apresentação do nó borromeano generalizado

20 de março de 1979 (S26):

— NBoG, descrição e geração do nó borromeano generalizado.

Referências bibliográficas

(*Passo a passo, vols. 1, 2* e *3*)

ABRAHAM, Nicolas; TOROK, Maria. *Cryptonymie. Le Verbier de l'homme aux loups*. Pref. "Fors. Les mots anglés", de Jacques Derrida. Paris: Aubier-Flammarion, 1976.

ALLOUCH, Jean (2009) *O amor Lacan*. Trad. P. Abreu. Rio de Janeiro: Companhia de Freud, 2010.

Abbott, Edwin A. (1884) *Planolândia: um romance de muitas dimensões*. Trad. L. S. Mendes São Paulo: Conrad, 2002.

BOUSSEYROUX, Michel. *Au risque de la topologie et de la poésie. Élargir la psychanalyse*. Toulouse: érès, 2011. [Em castelhano: *A riesgo de la topología y la poesía (Pliegues monográfico n°9)*, edição do FFCLE-F9, 2017].

_____. *Lacan le borroméen: creuser le noeud*. Toulouse: érès, 2014 [Em castelhano: *Lacan el borromeo. Ahondar en el nudo*. Barcelona: Ediciones S&P, 2016]

_____. *Pensar el psicoanálisis con Lacan. Caminar derecho sobre un cabello*. S&P ediciones, Barcelona, 2019.

_____. *La réson depuis Lacan*. Paris: Stilus, 2018.

BRACHET, M. E.; Clark di Leoni, P.; Mininni, P. D. "Helicity, topology, and Kelvin waves in reconnecting quantum knots", *Physical Review A* 94, 043605. Estados Unidos da América: American Physical Society, 2016.

BRUNO, Pierre. *Final y Passe. Un psicanálise puesto a prueba*. Barcelona: Ediciones S&P, 2015.

CEVASCO, Rithée. *A discordância dos sexos*. Trad. P.S. de Souza Jr. São Paulo: Aller Editora, 2025.

_____. com a colaboração de Jorge Chapuis. *Passo a passo rumo a uma clínica borromeana* (Vol. 1 e Vol. 2). Trad. P. S. de Souza Jr. São Paulo: Aller, 2021 e 2022.

_____. "La letra, una vía hacia lo Real", *Revista Pliegues*, n. 4, Federación de Foros del Campo Lacaniano en España (FFCLE). Espanha, 2011.

_____. "La letra, una vía hacia lo Real. Lituraterre o el intento de una génesis del sujeto del goce por una precipitación de lo simbólico en lo real", *Trauma*, n. 3. Barcelona: Ed. del Serbal, 2011.

CHAPUIS, Jorge (colab. R. Cevasco) [2014] *Guia topológico para o "L'étourdit" — Um abuso imaginário e seu além*. Trad. P. S. de Souza Jr. São Paulo: Aller, 2018.

CHENG, François. *La escritura poética china seguido de una Antología de poemas de los Tang*. Madrid: Pre textos 2007.

DELIGNY, Fernand. *Œuvres*. Estab. e apres. S. Á. de Toledo. Paris: Ed. L'Avachéen, 2007.

FIERENS, Christian. *Lectura de L'étourdit. Lacan 1972: sexuación y discursos, el muro de lo imposible*. Barcelona: Ediciones S&P, 2012.

_____. *Lecture du sinthome*. Toulouse: érès, 2018.

FRUCELLA, María Laura. *El corazón de la letra: la controversia Derrida-Lacan*. Barcelona: Ediciones S&P, 2016.

INDART, Juan Carlos; Benito, Eduardo; Gasbarro, Cecilia; Klainer, Esteban; Rubinetti, Cecilia; Vitale, Fernando. *Sinthome e imagen corporal. En torno a casos clínicos*. Buenos Aires: Grama, 2018.

JOYCE, James (1914) *Dublinenses*. Trad. C. Galindo. São Paulo: Companhia das Letras, 2018.

_____. (1916) *Um retrato do artista quando jovem*. Trad. C. Galindo. São Paulo: Companhia das Letras, 2016.

_____. (1922) *Ulysses*. Trad. C. Galindo. São Paulo: Companhia das Letras, 2022.

_____. (1939) *Finnegans Wake/Finnicius Revém*. Trad. D. Schuler. São Paulo: Ateliê Editorial, 2003.

_____. (póstumo, 1944) *Stephen herói*. Trad. J. R. O'shea. São Paulo: Hedra, 2012.

_____. (1918) "Exílios". In: *Exílios e poemas*. Trad. C. Galindo. São Paulo: Companhia das Letras, 2022.
_____. (1956) *Epifanias*. Trad. T. Tadeu. Belo Horizonte: Autêntica, 2018.
LACAN, Jacques (1966) "Formulações sobre a causalidade psíquica" [1946]. In: *Escritos*. Trad. V. Ribeiro. Rio de Janeiro: Editora Zahar, 1988, pp. 152-194.
_____. (1966) "O tempo lógico e a asserção de certeza antecipada: Um novo sofisma" [1945]. In: *Escritos*. Trad. V. Ribeiro. Rio de Janeiro: Editora Zahar, 1988, pp. 197-213.
_____. (1966) "De uma questão preliminar a todo tratamento possível da psicose" [1957-58]. In: *Escritos*. Trad. V. Ribeiro. Rio de Janeiro: Editora Zahar, 1988, pp. 537-590.
_____. "L'étourdit". In: *Autres écrits*. Paris: Seuil, 2001, pp. 449-495.
_____. (2001) "O aturdito". In: *Outros escritos*. Trad. V. Ribeiro. Rio de Janeiro: Editora Zahar, 2003, pp. 448-497.
_____. (2001) "Lituraterra" [1971]. In: *Outros escritos*. Trad. V. Ribeiro. Rio de Janeiro: Editora Zahar, 2003, pp. 15-25
_____. (2001) "Proposição de 9 de outubro de 1967 sobre o psicanalista da Escola". In: *Outros escritos*. Trad. V. Ribeiro. Rio de Janeiro: Editora Zahar, 2003, pp. 248-264.
_____. (2001) "Prefácio à edição inglesa do *Seminário 11*" [1976]. In: *Outros escritos*. Trad. V. Ribeiro. Rio de Janeiro: Editora Zahar, 2003, pp. 567-569.
_____. "L'étourdit". In: *L'Etd*, documento interno com notas de leitura e versão em castelhano. Barcelona: Centro de investigación P&S, 2017.
_____. (1986) *O seminário*, livro 7: *A ética da psicanálise* [1959-60]. Trad. A. Quinet. Rio de Janeiro: Zahar, 1997.
_____. (1991) *O seminário*, livro 8: *A transferência* [1960-61]. Trad. D. D. Estrada. Rio de Janeiro: Editora Zahar, 1992.

_____. (2004) *O seminário*, livro 10: *A angústia* [1962-63]. Trad. V. Ribeiro. Rio de Janeiro: Editora Zahar, 2005.

_____. (1973) *O seminário*, livro 11: *Os quatro conceitos fundamentais da psicanálise* [1964], 2ª ed. Trad. M.D. Magno. Rio de Janeiro: Editora Zahar, 1985.

_____. (2006) *O seminário*, livro 16: *De um Outro ao outro* [1968-69]. Trad. V. Ribeiro. Rio de Janeiro: Editora Zahar, 2008.

_____. (1991) *O seminário*, livro 17: *O avesso da psicanálise* [1969-70]. Trad. A. Roitman. Rio de Janeiro: Editora Zahar, 1992.

_____. (2007) *O seminário*, livro 18: *De um discurso que não fosse do semblante* [1971]. Trad. V. Ribeiro. Rio de Janeiro: Editora Zahar, 2009.

_____. (2011) *O seminário*, livro 19: *...ou pior* [1971-72]. Trad. V. Ribeiro. Rio de Janeiro: Editora Zahar, 2012.

_____. (1975) *O seminário*, livro 20: *Mais, ainda* [1972-73], 2a ed. Trad. M.D. Magno. Rio de Janeiro: Editora Zahar, 1985.

_____. (2005) *O seminário*, livro 23: *O sinthoma* [1975-76]. Trad. S. Laia. Rio de Janeiro: Editora Zahar, 2007.

_____. *Le sinthome* [1975-76]. Edição ALI (Association Lacanienne Internationale).

_____. *Le sinthome* [1975-76]. Publicação digital não comercial. Documento interno da Association Freudienne.

_____. *Le sinthome* [1975-76]. Versão Staferla. PDF online no site de Patrick Valas (www.valas.fr).

_____. Seminários inéditos. Há diversas publicações parciais ou integrais, em francês, castelhano e português, em revistas ou cópias diversas de difusão restrita e/ou formato digital.

_____. *Le séminaire*, livre IX: *L'identification* [1961-62].

_____. *Le séminaire*, livre XIV: *La logique du fantasme* [1966-67].

_____. *Le séminaire*, livre XIX: *Le savoir du psychanalyste* [1971-72].

_____. *Le séminaire*, livre XXI: *Les non-dupes errent* [1973-74].

_____. *Le séminaire*, livre XXII: RSI [1974-75], parcialmente publicado na revista *Ornicar?*, nº 2, 3, 4, e 5, 1975 e 1976.

_____. versão em papel AFI E digital AFI/ALI. Publicação digital não comercial. Documento interno da Association Freudienne.

_____. *RSI*, versão crítica em espanhol de Ricardo E. Rodriguez Ponte, publicada pela Escuela Freudiana de Buenos Aires, 1989.

_____. *RSI*, PDF online da versão em espanhol Psikolibro.

_____. *Le séminaire*, livre XXIV: *L'insu que sait de l'une-bévue s'aile à mourre* [1976-77], parcialmente em *Ornicar?*, nº 12-13, 14, 15, 17-18, de 1977 a 1979.

_____. versões Staferla < http://staferla.free.fr/> e Patrick Valas <www.valas.fr>.

_____. versão em papel AFI E digital AFI/ALI. Publicação digital não comercial. Documento interno da Association Freudienne.

_____. versão estenográfica em francês, PDFs disponíveis na web.

_____. *El fracaso del Un-desliz es el amor*, versão em espanhol de Ariel Dilon e outros. México: Ortega y Ortiz ed., 2008.

_____. *Lo no sabido que sabe de la una-equivocación se ampara en la morra*, PDF online da versão em espanhol Psikolibro.

_____. versão bilingue francês-castelhano da Bibliothèque de l'école lacanienne de psychanalyse. Francês: versão "D'après Jacques Lacan" publicada na revista *L'UNE-BÉVUE 21*, Hiver 2003-2004, Paris. Castelhano: por G. Leguizamón, M. C. Melegatti e R. Perez. Desenhos: de fotografias e exercícios topológicos sequenciais realizados pelo cartel de transcrição. <www.ecole-lacanienne.net>

_____. *Le séminaire*, livre XXV: *Le moment de conclure* [1977-78].
_____. versão em papel AFI E digital AFI/ALI. Publicação digital não comercial. Documento interno da Association Freudienne.
_____. versões Staferla < http://staferla.free.fr/> e Patrick Valas <www.valas.fr>.
_____. *El momento de concluir*, PDF online em espanhol Psikolibro.
_____. *Le séminaire*, livre XXVI: *La topologie et le temps* [1978-79]. [Em castelhano: "La topología y el tempo". In: *Actas de la Escuela Freudiana de Paris, VII Congreso, Roma, 1974*. Barcelona: Ed. Petrel, 1980]
_____. (1974) "La troisième" [Conferência no 7° Congresso da École Freudienne de Paris, em Roma], *Lettres de l'École Freudienne*, 1975, n. 16, pp. 177-203. [Em castelhano: "La tercera". In: *Intervenciones y textos 2*. Buenos Aires: Manantial, 1988, pp. 73-108. Conteúdo integral disponível em <www.valas.fr/Jacques-Lacan-La-Troisieme-en-francais-en-espagnol-en-allemand,011> (Transc. Patrick Valas) : Ouverture du congrès par le Dr Lacan" (31 octobre 1974), "La troisième" (1er novembre 1974), "Clôture du congrès par le Dr Lacan" (3 novembre 1974)].
_____. "Conferencia en Ginebra sobre el sintoma". In: *Intervenciones y textos 2*. Buenos Aires: Manantial, 1988, pp. 115-144.
_____. "Conférence de presse du Dr Lacan (29 octobre 1974 au Centre culturel français)", *Lettres de l'École*, n. 16, 1975, pp. 6-26 [Em castelhano: "Conferencia de prensa del Dr. Lacan, Roma, 29 de outubro de 1974" (Trad. I. Manzi). In: *Actas de la Escuela Freudiana de Paris, VII Congreso, Roma, 1974*. Barcelona: Ed. Petrel, 1980, pp. 15-34.]
_____. "Lo simbólico, lo imaginario y lo real" (conferencia del 8 julio de 1973). In: *De los Nombres del Padre*. Trad. N. González. Buenos Aires: Paidós, 2005, pp. 11-64.

_____. “Introducción a los Nombres del Padre” (conferencia del 8 julio de 1973). In: *De los Nombres del Padre*. Trad. N. González. Buenos Aires: Paidós, 2005, pp. 65-103.
_____. (1963) *Nomes-do-pai* [2005]. Trad. A. Telles. Rio de Janeiro: Zahar, 2005.
_____. (2011) *Estou falando com as paredes* [1971-72]. Trad. V. Ribeiro. Rio de Janeiro: Editora Zahar, 2011. [Corresponde às três primeiras aulas do que também se conhece como seminário *O saber do psicanalista*].
_____. (2005) *O triunfo da religião — precedido de Discurso aos Católicos* [1974]. Trad. A. Telles. Rio de Janeiro: Editora Zahar, 2005.
_____. “Respuestas de Jacques Lacan sobre los nudos y el inconsciente en las Jornadas de la Escuela Freudiana: Los matemas el psicoanálisis” [31 de outubro a 2 de novembro de 1976], *Lettres de l'École Freudienne*, n. 21, agosto de 1977.
_____. Notas preparatórias para a sessão do seminário *De um discurso que não fosse do semblante*, de 9 de junho 1971, *L'Une-bévue* n. 8/9, 1997.
_____. “Conférences et entretiens dans des universités nord-américaines”, *Scilicet*, n. 6-7, Paris: Le Seuil, 1976, pp. 5-63. “Yale University, Kanzer Seminar” (24 de novembro de 1975); “Yale University, Law School Auditorium” (25 de novembro de 1975); “Columbia University, Auditorium School of International Affairs” (1° de dezembro de 1975); “Massachusetts Institute of Technology” (2 de dezembro de 1975). [Em castelhano: *Conferencias y charlas em universidades noerteamericanas* (nov. y dic. 1975). Tradução e notas: Ricardo E. Rodríguez Ponte. Documento para circulação interna da Escuela Freudiana de Buenos Aires. Disponível em: <www.lacanterafreudiana.com.ar>].
_____. “Intervention de Jacques Lacan à Bruxelles”, *Quarto* (Suplemento belga da *lettre mensuelle de l'École da cause freudienne*), n. 2. Bruxelas, 1981. “Palabras

sobre la histeria", versão bilíngue francês/castelhano, tradução e notas de Ricardo E. Rodríguez Ponte <www. lacanterafreudiana.com.ar>

_____. *Catalogue de l'exposition François Rouan*. Marseille: Musée Cantini, 1978.

_____. "Discours de clôture du 9ème Congrès de l'Ecole Freudienne" (9 de julho de 1978), *Lêttres de l'Ecole Freudienne*, 1979. Versão em espanhol: blog de Pablo Peusner: <http://elpsicoanalistalector.blogspot.com/2008/12/ jacques-lacanconclusiones-do-ix.html>

_____. *Œuvres graphiques et manuscrites de Jacques Lacan*. Pref. R. Dumas, J. Roubaud, J.-M. Vapereau. Catálogo de leilão Artcurial. Paris : Hôtel Dassault, quinta, 30 de junho de 2006.

LACAN, Jacques; Lévy-Valensi, Joseph; Migault, Pierre. "Escritos inspirados: esquizografia" (Conferência ministrada em 12 de novembro de 1931), *Escritos avulsos*. Trad. P. S. de Souza Jr. São Paulo. Disponível em: <www.escritosavulsos.com>.

LEFORT, Rosine; Lefort, Robert (1980) *Nascimento do outro*. Trad. A. Jesuino. Salvador: Ed. Fator Livraria, 1984.

LE GAUFEY, Guy (2006) *O não-todo de Lacan*. Trad. P. Rona. São Paulo: Scriptorium, 2015.

MILLER, Jacques-Alain. *El ultimísimo Lacan*. Trad. S. Verley; Estab. Silvia Elena Tendlarz. Buenos Aires: Paidós, 2014.

MOYA, Josep. *Maldad, culpa y responsabilidad. Ensayos psicoanalíticos y sociales*. Barcelona: S&P ed., 2014.

MURARO, Vanina. *Interpretación y vanguardia. Contribuciones del formalismo ruso a la clínica psicoanalítica*. Pref. Hector López. Buenos Aires: Letra Viva, 2019.

PLATÃO. *Parmênides*, em diversas publicações.

PORGE, Érik. *Lettres du symptôme: Versions de l'identification*. Toulousse: érès, 2010.

RABINOVICH, Diana. *Modos lógicos del amor de transferencia*. Buenos Aires: Manantial, Estudios de psicoanálisis, 1992.
SALINAS, Laura. *El analista sinthome en la clínica de las psicoses*. Buenos Aires: Letra Viva, Voces del Foro, 2015.
SCHEJTMAN, Fabian. *Philip Dick con Jacques Lacan. Clínica psicoanalítica como ciencia-ficción*. Buenos Aires: Grama, 2018.
_____. *Sinthome. Ensayos de clínica psicoanalítica nodal*. Argentina: Grama, 2013.
SOLER, Colette (2015) *Lacan, leitor de Joyce*. Trad. Cícero Oliveira. São Paulo: Aller, 2018.
_____. (2011) *Os afetos lacanianos*. Trad. Cícero Oliveira. São Paulo: Aller, Também não consta.
_____. (2009) *O inconsciente reinventado*. Rio de Janeiro: Companhia de Freud, 2012.
SOLLERS, Phillippe. *Paradis*. Paris: Seuil, 1981.
VALAS, Patrick. Website, disponível em: <www.valas.fr>.
VAPPEREAU, Jean-Michel. Nudo. Buenos Aires: Kliné, 2006.